AUSGEWÄHLTE DOKTORDISSERTATIONEN
DER
LEIPZIGER JURISTENFAKULTÄT.

ZUR LEHRE
VOM
BENEFICIUM COMPETENTIAE.

Von

Dr. jur. OTTO WÜNSCH.

LEIPZIG,
VERLAG VON VEIT & COMP.
1897.

Nach der für die Leipziger Juristenfakultät bestehenden Promotionsordnung ist die Drucklegung der Dissertation keine Vorbedingung der Promotion, und die Fakultät hat die Überzeugung, daß eine Prüfungsarbeit gut und ein vollgültiges Zeugnis der wissenschaftlichen Bildung ihres Verfassers sein kann, ohne daß ihr der allgemeine Wert zukommt, welcher ihre Veröffentlichung wünschenswert macht.

Doch hat die Fakultät es stets als einen Übelstand empfunden, daß eine nicht unbedeutende Zahl von ihr approbierter Dissertationen, welche die Wissenschaft fördern, teils gar nicht zum Druck gelangen, teils ohne Bezeichnung ihrer Eigenschaft als Doktorschrift veröffentlicht worden sind. Daher ist die Einrichtung getroffen worden, daß derartige Dissertationen unter den Auspizien der Fakultät veröffentlicht werden können. Die Thätigkeit der Fakultät wird sich dabei auf die Feststellung der Druckwürdigkeit beschränken; sie übernimmt keine Verantwortung für den Inhalt im Einzelnen.

Die Arbeiten erscheinen in selbständigen Heften und sind einzeln verkäuflich.

Leipzig, im Juli 1893.

Die juristische Fakultät:
Dr. J. E. Kuntze,
d. z. Dekan.

AUSGEWÄHLTE DOKTORDISSERTATIONEN
DER
LEIPZIGER JURISTENFAKULTÄT.

ZUR LEHRE
VOM
BENEFICIUM COMPETENTIAE.

Von

Dr. jur. OTTO WÜNSCH

LEIPZIG,
VERLAG VON VEIT & COMP.
1897.

Druck von Metzger & Wittig in Leipzig.

Inhaltsübersicht.

IV. Kapitel.

Das gemeinrechtliche beneficium competentiae.

V. Kapitel.

Litteraturverzeichnis.

Hellfeld, Opuscula et Dissertationes, ed. Fischer, 1775, dissert. XXV. de beneficio competentiae ex proprio aeque ac tertii jure.

Dabelow, Lehre vom Konkurse der Gläubiger. 1801.

Schömann, Handbuch des Civilrechts. Bd. I., 1806.

Hugo, Civilistisches Magazin. Bd. III., 1812.

Glück, Erläuterung der Pandekten. Bd. XIV, XV, XXVII, 1813 u. 1825.

Thibaut, Civilistische Abhandlungen. 1814. XVI. Abhandlung.

Gans, Gensler und Neustetel im Archiv f. d. civil. Praxis. Bd. II., 1821; S. 242 f.; S. 247 f.; S. 343 f.

Hugo, Lehrbuch des heutigen römischen Rechts (als IV. Bd. des Lehrbuches eines civilistischen Kursus), 7. Aufl. 1826.

Holtius in Bibliothèque du Jurisconsulte et du Publiciste Bd. I., S. 389—405, anno 1826; hier citiert nach „Abhandlungen u. s. w. von Holtius, übersetzt von Sutro. Utrecht 1852. Abhandlung Nr. V.

v. Schröter in der kritischen Zeitschrift für Rechtswissenschaft. Bd. IV., 1828 S. 76 f. dazu die Bemerkungen von Holtius ebendort S. 504—505.

Schweppe, System des Konkurses. 3. Aufl. 1829.

Zimmern, Geschichte des römischen Privatrechts. Bd. III. (der römische Civilprozeß), 1829.

v. Wening-Ingenheim, Lehrb. d. gem. Civilrechts. 5. Aufl., bes. von Fritz, Bd. II., 1837.

Heimbach in Weiske's Rechtslexikon. Bd. I., 1838 unter „benef. comp.“ S. 877 f.

Fritz, Erläuterungen u. s. w. zu v. Wenings Lehrbuch. Bd. I. 1834. (1. und 2. Heft enthaltend).

Goeschen, Vorlesungen über das gemeine Civilrecht. Bd. II., 2. Abt., 1839.

Mühlenbruch, Lehrb. d. Pandekten-Rechts. 3. Aufl., 1. Teil, 1839.

Unterholzner, Lehre von den Schuldverhältnissen. Bd. I. 1840.

Franke im Archiv für die civil. Praxis. Bd. XXIII., 1840, S. 387 f.

Sintenis in der Zeitschrift für Civilr. u. Prozeß. Bd. XV., 1841, S. 312 f.

v. Bayer, Theorie des Konkursprozesses. 1842.

Sintenis, das prakt. gem. Civilrecht. Bd. II., 1847.

Reuter in der Zeitschrift für Civilr. u. Prozeß. Bd. XXI., 1864, S. 1 f.

v. Vangerow, Lehrb. d. Pandekten. Bd. I., 7. Aufl. 1865.

Rohland de cessione bonorum, dissert., Halis Saxonum. 1868.

Brinz, Lehrb. d. Pandekten. Bd. II., 1. Abt., 2. Aufl. 1879.
Windscheid, Lehrb. d. Pandektenrechts. Bd. II., 5. Aufl. 1882.
Arndts, Lehrb. d. Pandekten. 13. Aufl. 1886.
Baron, Pandekten. 6. Aufl. 1887.
Kohler in der Zeitschrift für Privatr. u. öffentliches R. Bd. XIV., 1887, S. 1 f.
Wendt, Lehrb. d. Pandekten. 1888.
Altmann, das beneficium competentiae, Inaug. Dissert. Berlin, 1888.
Dernburg, Pandekten. Bd. II., 2. Aufl. 1889.

I. Kapitel.

Einleitung.

§ 1. Unter **beneficium competentiae** versteht man die gewissen Personen zustehende Rechtswohlthat, allen oder bestimmten Gläubigern gegenüber nur auf dasjenige verurteilt zu werden, was sie nach Abzug des für sie und ihre Familie erforderlichen Lebensunterhaltes leisten können.

Unser Rechtsinstitut findet also seine Stelle im **Obligationenrecht**, und zwar da, wo es sich um die Erfüllung der Forderungsrechte handelt. Es giebt dem Schuldner die Befugnis, die Erfüllung der an sich zu Recht bestehenden Forderung ganz oder teilweise zu verweigern und dieselbe in diesem Umfange von der gerichtlichen Geltendmachung auszuschließen. Wie im römischen Recht durch das jetzt reichsgesetzlich aufgehobene moratorium dem Schuldner durch Rescript des Kaisers eine Stundung gewährt werden konnte, so ist in den hier in Behandlung stehenden Fällen gewissen Schuldnern durch das Gesetz selbst das Recht eingeräumt, eine Stundung, eventuell auf immer, zu verlangen. — Da das Forderungsrecht, wenn seine Erfüllung auf Grund des beneficium competentiae ganz oder teilweise verweigert wird, rücksichtlich seines nicht befriedigten Teiles völlig von Bestand bleibt, so ist das beneficium competentiae **kein Aufhebungsgrund der Obligation**, wenn es auch unter Umständen, d. h. falls die Vermögensverhältnisse des Schuldners nie wieder das zum Lebensunterhalte Erforderliche überschreiten, praktisch einen dauernden Verlust der Forderung gleichkommen kann. Andererseits darf man aber u. E. nicht, wie das Urteil des obersten Landesgerichts für Bayern vom 6. Febr. 1882,[1] behaupten, daß das benef. comp. die zwischen Schuldner und Gläubiger bestehenden Obligationsverhältnisse wie eine Befristung modificiert, denn es gehört zum Wesen der Befristung, daß das Ereignis, durch welches die Frist bestimmt wird, gewiß eintreten wird,[2] und dies ist beim benef. comp. nicht der Fall: es kann sein, daß die Vermögensverhältnisse

[1] Vgl. Seufferts Archiv, Bd. XXXVIII. (Neue Folge Bd. VIII.), No. 162.
[2] Windscheid, Pandekten, Bd. I., § 96 a. N. 4 (5. Aufl.).

nie wieder derartige werden, daß sie den Notbedarf übersteigen und demgemäß Raum für die Klage auf das Residuum geben. Ebenso unrichtig ist es aber, zu sagen, daß das benef. comp. auf die Obligation wie eine Suspensiv-Bedingung einwirkt, denn nicht dem Forderungsrechte selbst wird eine Bedingung hinzugefügt, sondern nur der gerichtlichen Geltendmachung. Am zutreffendsten ist hier die Kategorie der reaktionsunfähigen Ansprüche, welche Kohler in seiner geistreichen Abhandlung über „Recht und Prozeß"[3] aufgestellt hat; er versteht hierunter diejenigen Ansprüche, welche nicht „fähig des gerichtlichen Zwanges" sind, ihr Dasein aber in irgend einer anderen Beziehung äußern. Hierher rechnet er mit Recht auch die durch das benef. comp. zurückgehaltenen Forderungen; es fehlt ihnen keine Bedingung der Existenz, sie erleiden nur „eine Abschwächung der Kraft", die sich in der Reaktionsunfähigkeit zeigt, durch welche die in dem Anspruch des Gläubigers wohnenden „Geister gebunden sind" und erst ihrer Fesseln entledigt werden, wenn das benef. comp. nicht mehr hindernd im Wege steht.

Wenn somit das benef. comp. seine eigentliche Wirkung auf die prozessuale Geltendmachung des gegnerischen Anspruchs ausübt, so ist es doch unzweifelhaft ein materielles Recht des Schuldners, d. h. ein Recht, welches materielle Befugnisse verleiht, also Befugnisse, auf die Rechtssphäre anderer Personen in materiellrechtlicher Weise einzuwirken, denn es afficiert den Anspruch selbst,[4] die Abschwächung, welche derselbe erleidet, ist eine „civilistische, da sie mit den Ansprüchen und den dieselben beeinflussenden Verhältnissen zusammenhängt, nicht mit der Exekutionsordnung."[5] Das benef. comp. charakterisiert sich als ein Recht des priviligierten Schuldners, dem Kläger gegenüber auf nicht mehr verurteilt zu werden, als auf den Betrag seines Vermögens nach Abzug des zum Lebensunterhalte Erforderlichen, nicht etwa als ein Recht des auf die volle Schuldsumme Verurteilten, bei der Beitreibung derselben eine Ermäßigung zu verlangen. Nicht zu belligen ist deshalb die Ansicht Dernburg's,[6] daß das benef. comp. ein bloßes Exekutions-

[3] In Grünhut's Zeitschrift, Bd. XIV., No. 1. bes. S. 22 f.

[4] Vergl. auch Seuffert's Archiv, Bd. XXII, No. 114. Bd. XXXVIII, No. 162.

[5] Kohler a. a. O. S. 23.

[6] Pandekten II. Band. § 57. zu Note 4. Unrichtig ist auch die Darstellung von Sintenis (Civilrecht, II. S. 161) nach welcher der Schuldner zwar in die Erfüllung der Forderung verurteilt werde, jedoch mit der Beschränkung, daß die Exekution in sein Vermögen nur soweit geschehe, daß er nicht Mangel leide; dies ist gewiss nicht römisches Recht, denn die Quellen sprechen es ausdrücklich aus, daß die Verurteilung nicht in solidum geschehe, sondern nur in id, quod debitor facere potest (vergl. z. B. §§ 36, 37, 40 Instit. de act. 4, 6; l. 23 D. de re jud. 42, 1.).

privileg sei.[7] Dies ist der Fall bei dem durch die §§ 715 und 749 der Reichszivilprozeßordnung geschaffenen Rechtsinstitut, durch welches für alle Schuldner gewisse Sachen oder für gewisse Schuldner gewisse Sachen von der Pfändung und vom Konkurse (vergl. Reichskonkursordnung § 1) ausgeschlossen sind, nicht aber trifft es zu für das gemeinrechtliche Rechtsinstitut, von welchem hier die Rede ist. Demgemäß ist im Falle der örtlichen Kollision der Statuten die Frage, ob und inwieweit die Sätze über die Rechtswohlthat des Notbedarfs Platz greifen, nicht nach dem Rechte des Klageortes, sondern desjenigen Rechtsgebietes zu beantworten, welchem das materielle Rechtsverhältnis angehört.[8]

§ 2. Um nun noch weiter die Stellung unseres beneficium competentiae im Rechte zu präzisieren, so ist vor allem zu sagen, daß es zum jus singulare gehört. Während das jus commune, das Allen gemeinsame Recht, den allgemeinen Satz aufstellt, daß der Schuldner, dessen Vermögen zur Erfüllung der eingeklagten Schuld nicht hinreicht, dennoch auf den vollen Betrag derselben zu verurteilen sei, ist aus besonderen Gründen für gewisse Fälle eine Ausnahme von jenem allgemeinen Satze statuiert und damit „ein Bruch in die Konsequenz des Rechts“[9] geschehen. Im vorliegenden Falle ist nun jener Satz des jus commune für gewisse Klassen von Personen außer Kraft gesetzt, und es liegt demgemäß die wichtigste Art des jus singulare vor, ein privilegium im weiteren Sinne, und zwar ein privilegium personale. Wie nun überhaupt die römischen Quellen anstatt des Ausdrucks privilegium das Wort „beneficium“ gebrauchen,[10] so finden wir auch für das hier zur Behandlung stehende Rechtsinstitut dieselbe Bezeichnung.[11]

Alle Ausnahmerechte verdanken ja ihre Entstehung der Berücksichtigung besonderer Gründe, welche es geboten erscheinen lassen, die Grundsätze des allgemeinen Rechts für gewisse Fälle außer Anwendung zu setzen. Wenn das römische Recht[12] die Definition giebt: „jus singulare est, quod contra tenorem rationis propter aliquam utilitatem auctoritate constituentium introductum est“, so ist hierin unseres Erachtens der Grund der Einführung des Ausnahmerechts viel zu eng gefaßt. Die bloße ultilitas wird es in

---

[7] Vergl. dagegen auch Altmann, das benef. comp. S. 11. u. 12.

[8] Vergl. bes. Seuffert's Archiv, Bd. XXIII, No. 204; Kohler S. 24.

[9] Kierulff, Theorie d. gem. Civilrechts I. (einziger) Bd. S. 47; vergl. auch Sintenis in der Zeitschrift für Civ. u. Proc. Bd. XV. S. 320, wo er das benef. comp. als etwas „juristisch Inkonsequentes“ bezeichnet.

[10] Vergl. z. B. l. 1 § 2 D. ad municipalem et de incolis 50, 1, wo beide Ausdrücke abwechselnd gebraucht werden.

[11] l. 13 D. sol. matrim. 24, 3.

[12] l. 16 D. de. leg. 1, 3.

den seltensten Fällen sein, welche den Gesetzgeber zur Statuierung von jns singulare veranlaßt; man müßte denn den Begriff der „utilitas“ über sich selbst hinaus ausdehnen und unter dem allgemeinen Namen „Zweckmäßigkeit“ alle jene Gründe des öffentlichen Wohles und der Sittlichkeit zusammenfassen, auf welchen in Wahrheit die ratio der Einführung von Sonderrechten beruht. Und dies finden wir auch bei unserem beneficium bestätigt.

Wenn Altmann[13] behauptet, die Gründe der Einführung desselben seien nur praktische gewesen, und es sei auf das persönliche, nahe Verhältnis zwischen dem Gläubiger und dem privilegierten Schuldner keine Rücksicht genommen; wenn er demgemäß die ratio der das beneficium statuierenden Gesetzgeber lediglich auf rein praktische Nützlichkeitsgründe beschränkt, so ist er einerseits den Beweis hierfür schuldig geblieben, andererseits widerlegt er sich an einer anderen Stelle[14] selbst, wo er zugesteht, daß in vielen Fällen die Rücksichtnahme auf ein persönliches oder verwandtschaftliches Verhältnis zwischen dem Gläubiger und dem Schuldner den Grund zur Einführung des benef. comp. hergegeben hat. Sollte das Recht wahrhaft eine ars boni et aequi sein, so durfte es nicht gestatten, daß Gläubiger, welche durch ein besonders nahes Verhältnis an den Schuldner geknüpft waren, diesen durch Einklagung einer Schuld in das tiefste Unglück stürzten, sei es, daß sie durch die Personalhaft seine persönliche Existenz vernichteten, sei es, daß sie ihn durch Auspfändung des Allernotwendigsten dem bittersten Elend preisgaben. Derartige moralische Gesichtspunkte griffen Platz, wenn der Gläubiger zum Schuldner im Kindesverhältnis stand und dadurch zur kindlichen Pietät verpflichtet war, oder wenn er vom Schuldner freigelassen war, oder wenn eheliche Bande beide in ein consortium omnis vitae und eine communicatio divini atque humani juris gebracht hatten, oder wenn die Pflicht der Dankbarkeit den Empfänger eines Schenkungsversprechens an den Schenker fesselte, oder wenn durch Eingehung einer societas die innigsten Bande, die auf vermögensrechtlichem Gebiete möglich, geknüpft waren. Wenn auch schon die sittliche Pflicht an sich den Schuldner in solchen Fällen von der strengen Verfolgung seines Rechts abhalten sollte, so glaubten die Römer doch, dieser sittlichen Pflicht durch gesetzliche Bestimmung einen festeren Halt geben zu müssen. Mit Recht bemerkt deshalb Sintenis,[15] daß diese Rechtswohlthat auf einem „moralischen, hier zum Recht erhobenen Element“ beruhe. Man

[13] a. a. O. S. 27 u. 28.
[14] a. a. O. S. 4.
[15] Civilrecht, Bd. II. S. 164, und in der Zeitschrift f. Civ. u. Proc. Bd. XV. S. 319 f.

thut den Römern daher Unrecht, wenn man behauptet, daß nicht ethische Rücksichten, sondern rein praktische Gesichtspunkte sie zur Privilegierung jener Personen geführt haben,[16] wenn auch zuzugeben ist, daß sie der Aufstellung eines allgemeinen Prinzips fern geblieben sind und nur die nach ihrer Ansicht wichtigsten Fälle herausgegriffen haben.

§ 3. Was nun ferner die Bezeichnung „beneficium compententiae" anbelangt, so ist dieselbe erst neueren Ursprungs, sie ist „unrömisch und unschicklich zugleich"[17] denn einerseits finden wir in den römischen Rechtsquellen diesen Ausdruck überhaupt nicht, andererseits läßt sich bei der Bezeichnung an und für sich nicht viel denken, wenn man nicht eben schon den Begriff Kompetenz, wie er sich in neuerer Zeit im Sinne des zum Leben Notwendigen gebildet hat, vor Augen hat.[18] Jene Bezeichnung als Gesamtname für die Fälle der hier in Behandlung stehenden Rechtswohlthat entstammt erst viel späteren Zeiten, und zwar dürfte die Annahme Altmanns[19] richtig sein, daß dieselbe um die Mitte des 17. Jahrhunderts zuerst aufgekommen ist. Der Name beneficium competentiae für unsere Rechtswohlthat bürgerte sich dann immer mehr ein und ist zu einem feststehenden terminus technicus für dieselbe geworden, wenn sich auch zuweilen daneben der Ausdruck „privilegium deductionis" findet. Heutzutage sprechen die Meisten von „Rechtwohlthat der Kompetenz" und verdeutschen damit das sachgemäße Wort der früheren Bezeichnung, während sie das unsachgemäße beibehalten. Auch die Bezeichnung Unterholzners,[20] welcher von einem „Recht der Verurteilung auf das Erschwingliche" spricht, erscheint nicht empfehlenswert, und so ist Windscheid's[21]

---

[16] Vergl. u. A. l. 14 § 1. D. sol. matrim. 24. 3 („contra bonos mores", „contra receptam reverentiam") l. 63. pr. D. pro soc. 17. 2 („jus fraternitatis") § 40 Inst. de act. 4, 6 („inhumanum") l. 20 D. dere jud. 42, 1 („aequitatis suggerit ratio") l. un. § 7. Cod. de rei uxor. act. 5, 13 („aequissimum est et reverentiae debitum maritale").

[17] Gans im Archiv f. d. civil. Praxis Bd. II. S. 242.

[18] Im Corpus Juris bedeutet „competere" soviel wie zustehen, gebühren, angemessen sein; vergl. z. B. l. 47 § 3 D. de pec. 15, 1; l. 1 § 2 D. ad munic et de inc. 50, 1; l. 3 Cod. de sentent. ect. 7, 46; man könnte demnach unter benef. comp. verstehen die Rechtswohlthat des Schuldners, dasjenige zu behalten, was ihm gebührt und angemessen ist (scil. zum Lebensunterhalt). Man sieht aber, daß man mehr in den Ausdruck hineinlegen muß, als er eigentlich bezeichnet. Die Erklärung des Ausdruckes benef. comp., welche Dernburg (Pand. Bd. II. § 57 No. 1) giebt: in id quod competit d. h. was der Schuldner hat, ist u. E. nicht richtig; er scheint an eine condemnatio in id quod competit zu denken.

[19] S. 48. N. 8.

[20] Schuldverhältnisse Bd. I., § 181.

[21] Pand. Bd. II. § 267.

Übersetzung „Rechtswohlthat des Notbedarfs" wohl am treffendsten und hat auch den meisten Anklang gefunden.[22]

Die Römer haben, wie erwähnt, für dasjenige beneficium, welches man als Grundlage der heutigen Rechtswohlthat des Notbedarfs ansehen kann, eigentlich keine feststehende, zusammenfassende Bezeichnung; sie sprechen zwar in der Regel von einer condemnatio in id quod debitor facere potest[23] oder von einer condemnatio quatenus facultates patiuntur (non ultra facultates),[24] den Ausdruck beneficium gebrauchen sie jedoch nur äußerst selten,[25] öfter noch reden sie von einem honor[26] und meistens von einer exceptio.[27] Auch finden sich die einzelnen Fälle nicht unter einem besonderen Titel, sondern sind an den verschiedensten Stellen des corpus juris behandelt; nur an je einer Stelle der Institutionen (§§ 37—40 Inst. de act. 4,6) und der Digesten (l. 16—25 D. de re jud. 42,1) sind die Hauptfälle zusammengetragen.

§ 4. Wie nun aber die heutige Bezeichnung von der römischen abweicht, so war auch der Inhalt des beneficium bei den Römern ein wesentlich anderer, als der der heutigen gemeinrechtlichen Rechtswohlthat des Notbedarfs. Denn das Wesentliche jenes römischen beneficium beruhte in dem Rechte des Schuldners, zu verlangen, daß er auf nicht mehr, als auf den Betrag seines Vermögens verurteilt werde, der eigentliche Inhalt des gemeinrechtlichen beneficium comp. beruht aber in dem Behalten des Notbedarfs. Während aus den römischen Rechtsquellen hervorgeht, daß im altrömischen Recht von irgend welchem Abzuge bei unserem beneficium gar keine Rede war und erst später vereinzelt für gewisse Personen ein solcher in ganz geringem Maße gestattet wurde, bis zuletzt Justinian

---

[22] Vergl. z. B. Seufferts Archiv, Bd. XXXIII. No. 206. wo Windscheids Bezeichnung „sachgemäß" genannt wird; auch Arndts Pand. § 225 Anm. 1. acceptiert jene Bezeichnung.

[23] Z. B. in § 37 Jnst. de act. 4, 6; l. 63 pr., § 1., § 7 pro soc. 17, 2; l. 12—15, 18 D. sol. matrim. 24, 3; l. 16—25 D. de re jud. 42, 1; l. 173 pr. D. de div. reg. jur. 50, 17.

[24] § 37 Jnst. de act. 4, 6; l. 49. D. de pactis 2, 14; l. 21 u. 30 D. de re jud. 42. 1.

[25] So in l. 13 D. sol. matrim. 24, 3: „quia tale beneficium personale est."

[26] Z. B in l. 15 § 2 u. l. 17 pr. D. sol. matrim. 24, 3.

[27] Z. B. l. 17 D. sol. matrim. 24, 3; l. 7 pr. D. de except. 44, 1; l. 63 § 2 D. pro socio 17, 2; l. 33 D. de novat. 46, 2. Wenn Altmann (S. 14 N. 14 auch den § 4 Jnst. de repl. 4, 14 als eine Stelle anführt, in welcher der Name exceptio für das benef. comp. gebraucht ist, so ist dem gegenüber zu bemerken, dass diese Stelle von der exceptio nisi bonis cesserit spricht, welche durchaus verschieden von dem gleichfalls bei der cessio bonorum gegebenen benef. comp. ist. Wir werden auf diesen Irrtum später noch genauer eingehen.

einen solchen geringfügigen Abzug in allen Fällen gestattete, hat von der Zeit der Glossatoren bis in die Neuzeit eine althergebrachte Theorie und Praxis als das Wesen jener Rechtswohlthat den Abzug dessen verstanden, was zum Lebensunterhalte des Schuldners erforderlich ist. Zwar wurde schon in der Glosse[28] dagegen Widerspruch erhoben und jenes wahre Wesen der Rechtswohlthat gekennzeichnet, aber derselbe hat nicht durchdringen können und ist von einer Jahrhunderte langen gleichmäßigen Theorie und Praxis überwunden. Erst zu Anfang dieses Jahrhunderts wurde man besonders durch die Bemerkungen Schömann's[29] wieder zu einer genaueren Prüfung des hier in Frage stehenden beneficium hingeleitet, und eine nicht geringe Anzahl hervorragender Juristen hat sich im wesentlichen auf den Standpunkt Schömann's gestellt, resp. dessen Ansichten weiter ausgebildet und verbessert. Der Erfolg jener verdienstvollen Anregung ist denn auch der gewesen, daß unter den neueren Juristen kaum[30] mehr ein Streit darüber ist, daß wenigstens im älteren römischen Recht das wahre Wesen des benef. darin beruhte, daß der privilegierte Schuldner auf nicht mehr, als den Betrag seines Vermögens verurteilt werden konnte, und daß von irgend welchem Abzuge damals noch nicht die Rede war. Dagegen hält die herrschende Meinung rücksichtlich des justinianischen Rechts daran fest, daß zu dieser Zeit allerdings der wesentliche Inhalt des beneficium im Behalten des Lebensunterhaltes beruhte. Es ist nun der Hauptzweck dieser Abhandlung, das Irrtümliche der herrschenden Meinung zu zeigen und nachzuweisen, daß auch noch zur Zeit Justinians das eigentliche Wesen in einer Verurteilung auf den Betrag des Vermögens beruhte und daß der Abzug, welcher allerdings im justinianischen Recht allgemein gestattet wurde, ein keineswegs sich dem gemeinrechtlichen Abzuge des Lebensunterhaltes nähernder war, sondern ein so geringfügiger, daß die Römer garnicht daran dachten, in demselben das Wesentliche des beneficium zu sehen, denn eine genaue und unbefangene Betrachtung der justinianischen Rechtsquellen ergiebt, daß jene Neuerung eine ganz nebensächliche war. So finden wir denn, daß das Rechtsinstitut,

---

[28] Vergl. Franke im Archiv f. d. civil. Praxis, Bd. XXIII, S. 390; Holtius in der Bibl. du Jurisconsulte et du Publiciste, I. S. 389, übers. v. Sutro in „Abhandlungen von Holtius", 1852. Nr. V. S. 83.

[29] Handbuch des Civilrechts, Bd. II., 1806. S. 63 f.

[30] Gegenüber der Schömann'schen Ansicht halten auch rücksichtlich des älteren römischen Rechts an der hergebrachten Lehre unter den bedeutenden Juristen unseres Jahrh. nur Thibaut und Unterholzner fest.

welches wir heute mit dem Namen beneficium competentiae bezeichnen, eigentlich im römischen Recht keine Begründung findet, daß es vielmehr seine vorzugsweise Entstehung einer althergebrachten fälschlichen Auslegung der Quellen verdankt, durch welche in jenes Rechtsinstitut ein Inhalt hineingetragen wurde, der ursprünglich gar nicht und später nur in ganz schwachem Maße darin begründet lag. Zu dieser Aufstellung des gemeinrechtlichen beneficium competentiae haben dann wohl auch die milderen Ansichten der nachrömischen Zeiten beigetragen, welche die Rückbehaltung des Notbedarfs allerdings in jenen Fällen für das der Billigkeit Entsprechende hielten. Durch jene fälschliche Auffassung ist nun zwar das römischrechtliche beneficium zu keinem anderen geworden, es ist und bleibt die Rechtswohlthat, auf nicht mehr, als den Betrag des Vermögens verurteilt zu werden mit geringfügigem Abzuge des Allernotwendigsten. Auf der anderen Seite ist aber nicht zu leugnen, daß der Inhalt der Rechtswohlthat, wie ihn die herrschende Lehre schon im justinianischen Recht begründet findet, jedenfalls das Wesen des heutigen beneficium competentiae bildet, und wir haben demgemäß mit der Thatsache zu rechnen, daß durch die langdauernde, gleichmäßige Praxis und Theorie in Deutschland auf dem Wege des Gewohnheitsrechts das Rechtsinstitut, welches wir heute Rechtswohlthat des Notbedarfs nennen, zum geltenden Rechte geworden ist. Wenn es daher auch erforderlich ist, daß wir uns später der Umgestaltung des benef. comp. durch die nachrömische Wissenschaft und Praxis zuwenden und dasselbe, wie es heutzutage gilt, in den Kreis unserer Betrachtung ziehen, so geht doch der Hauptzweck unserer Abhandlung dahin, den wahren Inhalt der römischen Rechtswohlthat klarzustellen. Deshalb wird die Behandlung des Wesens des nachrömischen beneficium competentiae in den Hintergrund treten, andererseits soll die Frage nach der prozessualen Geltendmachung sowohl rücksichtlich des römischen wie gemeinen Rechts von der Erörterung ausgeschlossen werden.[31]

[31] Wir können bezüglich beider Punkte, der nachrömischen Entwickelung und der prozessualen Geltendmachung, auf die ausführlichen und guten Darlegungen Altmanns (S. 10—27, 45—53, 81—93) verweisen, in welchen wir den Hauptwert seiner Dissertation erblicken, während die Untersuchung des materiellen Inhaltes u. E. an Gründlichkeit und verständnißvollem Eingehen auf die Quellen manches zu wünschen übrig läßt.

II. Kapitel.

Die über den eigentlichen Inhalt des römischen beneficium competentiae aufgestellten Theorieen.

§ 5. Wenn wir nunmehr zur Erforschung des wahren Inhalts des beneficium competentiae, wie er sich im römischen Recht findet, übergehen, ist es erforderlich, vorerst die bisherigen Meinungen der Juristen hierüber zu betrachten und damit eine kurze Geschichte der Theorieen, welche sich über diese vielbestrittene Materie gebildet haben, zu liefern.

Von der Zeit der Glossatoren bis in das 19. Jahrhundert hinein ist nun rücksichtlich des eigentlichen Wesens des beneficium competentiae die herrschende, kaum einem Widerspruch begegnende Lehre kurz folgende gewesen. Während an sich jeder Schuldner auf den vollen Betrag der eingeklagten Schuld verurteilt und sein ganzes Vermögen zur Ausführung dieses Urteils bei der Exekution in Anspruch genommen wird, macht das römische Recht zu Gunsten gewisser Personen hiervon eine Ausnahme dergestalt, daß die Verurteilung nur auf dasjenige gerichtet wird, was der Schuldner nach Abzug des für ihn und seine Familie zum Lebensunterhalte Erforderlichen leisten kann. Dies sei der Sinn der in den Quellen vorkommenden condemnatio in id, quod debitor facere potest, und zwar machte man keinen Unterschied zwischen dem älteren und dem justinianischen Recht. Diese Darstellung des beneficium competentiae finden wir, wie bei fast allen älteren Juristen, so auch in Hellfeld's dissertatio de beneficio competentiae, in Höpfner's Commentar, in Dabelow's Lehre vom Konkurse, ja noch in Goeschen's Vorlesungen über das gemeine Civilrecht.[1]

§ 6. Wie erwähnt, ist gegen diese Ansicht in früherer Zeit kaum ein Widerspruch laut geworden. Zwar wird schon in der Glosse selbst[2] die Meinung erwähnt, daß jene condemnatio i. i. q. d. f. p. dem Schuldner keineswegs die Rückbehaltung des Lebensunterhaltes gewähre, jedoch wird diese Ansicht schon in der Glosse selbst verworfen und somit im Keime erstickt. Erst als gegen Ende des 18. Jahrhunderts durch die historische Schule ein frisches Streben in die Rechtswissenschaft kam, als man begann, das

---

[1] Bd. II., 2. Abth. § 412, 1839.
[2] Vergl. Holtius S. 83; Franke S. 390.

römische Recht vom Gesichtspunkte einer geschichtlichen Entwicklung aufzufassen, welche sich uns nicht nur in ihrem Resultat, sondern teilweise auch in ihrem Werden selbst im corpus juris darbietet, und als dieser Gesichtspunkt eine neue und eingehende Betrachtung der Quellen des römischen Rechts veranlaßte, da fand man denn auch, daß die bisherige althergebrachte Lehre über unser Rechtsinstitut doch nicht so ganz über allen Zweifel erhaben sei, wie es den Anschein gehabt hatte. Und gerade der Gründer der historischen Schule, Gustav Hugo, war der Erste, welcher hierauf aufmerksam machte. Wir finden in seinen Schriften an drei Stellen Bemerkungen hierüber. In seinem Lehrbuch des heutigen römischen Rechts[3] spricht er von dem Unterschiede, ob eine Forderung eingeklagt werden kann, „selbst wenn dem Schuldner der notdürftige Unterhalt entzogen würde, oder nicht (er nur belangt werden kann, in quantum facere potest, was die Neueren, weil dabei nun immer die Rücksicht auf den Unterhalt (ne egeat) eintritt, das beneficium competentiae nennen)". Ebenso sagt er in seinem Lehrbuch der Geschichte des römischen Rechts:[4] „Das in quantum facere potest wird nun so verstanden, daß der Schuldner auch seinen notdürftigen Unterhalt haben soll." Endlich im civilistischen Magazin[5] spricht er von dem Falle, wo Jemandem, welcher ein Kapital schuldet, aber keine Zinsen, doch die condictio indebiti versagt ist, wenn er trotzdem Zinsen gezahlt hat; er fährt dann fort: „ihn darauf (auf Zahlung von Zinsen) belangen kann ich freilich nicht, nicht machen, daß er servus wird, auch nicht, daß er wenigstens geben muß, so viel er geben kann (in quantum facere potest.)". Aus dieser letzten Stelle ergiebt sich also, daß Hugo das „in quantum facere potest" als gleichbedeutend auffaßt mit dem Ausdruck „so viel man geben kann" oder „so viel man hat"; aus der zweiten Stelle geht hervor, daß heutzutage darunter immer daneben der Abzug des Notbedarfs verstanden wird, während sich aus der ersten Stelle ergiebt, daß früher nicht immer ein derartiger Abzug stattfand.

§ 7. Ähnliche Bemerkungen, aber eingehendere und deutlichere finden wir bei Schömann,[6] und ihm gebührt das Verdienst, daß durch seine Abhandlung die Rechtswissenschaft zu einer genaueren Betrachtung der unser beneficium erwähnenden Quellenstellen ver-

---

[3] Zuerst 1789 als Instit. d. heut. röm. Rechts herausgegeben, hier nach der 7. Ausgabe von 1826 citiert, S. 245.

[4] Erste Ausgabe 1790, hier nach der 9. Ausgabe citiert, S. 796.

[5] III. Bd. S. 421. anno 1812.

[6] Handbuch des Civilrechts, II. Bd. 1806, S. 63 fg.

anlaßt wurde. Die Ausführungen Schömann's gipfeln nun in Folgendem. Die Begünstigung, welche die römische cond. i. q. d. f. p. gewähre, erstrecke sich nicht so weit, wie die herrschende Meinung annehme, welche allen jenen privilegierten Personen den Abzug des standesgemäßen Unterhaltes gegenüber der Klage gewähre. Sowohl rücksichtlich des Abzuges selbst, als auch der Personen, welchen ein solcher gestattet werde, stehe die herrschende Meinung nicht auf dem Boden des römischen Rechts. Denn an und für sich bedeute jenes benef. cond. i. q. f. p., daß der Schuldner nur auf sein gegenwärtiges Vermögen verurteilt werde; dies ergebe sich deutlich aus dem Sinne, in welchem der Ausdruck „facere posse" überall in den Quellen gebraucht werde. Wenn die Rechtswohlthat wirklich in dem Abzuge des Lebensunterhaltes beruhe, würde es außerdem ein Nonsens sein, daß als ganz besondere Privilegierung gewisser Personen bei jener condemnatio erwähnt werde, daß ihnen, „nicht gerade alles haarklein" genommen werden solle. Ein derartiger, ganz geringfügiger Abzug sei aber nur dem Schenker, den Eltern und demjenigen gewährt, welcher bonis cediert habe und später auf Nachzahlung belangt werde; alle übrigen Privilegierten müßten eben ihr ganzes gegenwärtiges Vermögen hingeben und dürften nur, wie überhaupt alle, denen das beneficium zustehe, von ihrem späteren Erwerbe gegenüber der Nachforderungsklage die Alimente (also den Lebensunterhalt im Gegensatz zu jenem ganz geringfügigen Abzug bei der ersten Klage) zurückbehalten.[7] Das Wesentlichste in diesen Ausführungen Schömanns beruht also in der Behauptung, daß da, wo wirklich den Privilegierten gegenüber der ersten Klage ein Abzug gewährt wird, darunter nur ein ganz unbeträchtlicher, das Allernotwendigste nicht übersteigender zu verstehen ist. Dieser Kernpunkt der Lehre ist nun merkwürdigerweise eigentlich von allen Juristen übersehen, und am auffallendsten ist es, daß auch Holtius, welcher selbst später die Geringfügigkeit des Abzuges betont hat, nicht erkannt zu haben scheint, daß schon Schömann vor allem hierauf hinweisen wollte; denn er sagt von letzterem[8]: „er gab das Recht auf Alimente nur dem Schenker, den Eltern und dem, der bonis cediert". Man fand allgemein den Sinn der Schömann'schen Bemerkungen in folgenden drei Punkten. Erstens gehöre ein Abzug an sich nicht zum Wesen der Rechtswohlthat; diesem stimmte die überwiegende Mehrzahl der Juristen rücksichtlich des älteren römischen Rechts zu, und so wurde es allgemein als sein Verdienst angesehen, die ursprüngliche Bedeutung

---

[7] a. a. O. S. 72.

[8] a. a. O. S. 86; vgl. auch Thibaut, civil. Abhandl. XVI S. 348.

desselben klar gestellt zu haben. Zweitens sagte man,[9] Schömann unterscheide zwischen einem beneficium condemnationis und einem beneficium executionis, welch' letzteres allein zu einem Abzuge bei der Exekution berechtige, während das erstere nur das Recht gebe, nicht über den Betrag des gegenwärtigen Vermögens verurteilt zu werden. Zwar unterscheidet Sch. zwischen den gewöhnlichen Fällen des Privilegs und gewissen, noch ganz besonders privilegierten Fällen, aber es liegt ihm gewiß fern, das eine beneficium in zwei verschiedene Wohlthaten zu zerlegen, die durch zwei Einreden geltend zu machen seien, wie es später v. Vangerow u. A. gethan haben. Das eine einzige benef. cond. i. q. f. p. ist nach Schömann in gewissen Fällen nur besonders gestaltet, und jedenfalls hat er nicht die Ansicht vertreten wollen, daß das benef. in den ganz besonders privilegierten Fällen nur gegenüber der Exekution geltend zu machen sei. Daß sich eine derartige Zerteilung in zwei verschiedene Beneficien aus den Quellen nicht rechtfertigen läßt, ist denn auch längst von der überwiegenden Mehrzahl der Juristen anerkannt. Als dritten, der bisherigen Meinung widersprechenden Satz Schömann's stellte man seine Behauptung hin, daß rücksichtlich der privilegierten Personen zu unterscheiden und ein Abzug überhaupt nur dem Schenker, den Eltern und demjenigen, der bonis cediert hatte, zu gestatten sei. In dieser Ansicht hat Sch. kaum jemanden[10] zum Nachfolger gehabt. Mit seltener Einmütigkeit haben die Juristen anerkannt, daß jedenfalls im justinianischen Recht ein Abzug Allen gewährt werde; und wohl mit Recht.

Während man somit Schömann's wichtigste Behauptung, daß dasjenige, was den Competenzberechtigten im römischen Recht bei der ersten Klage gelassen wurde, nur ganz unbedeutend war, kaum beachtete und erst später wieder darauf aufmerksam wurde, als Holtius

---

[9] Vgl. z. B. Arndts, Pand. § 225 Anm. 2; Altmann S. 10 u. bes. S. 22, wo er von einer „scharfen" Unterscheidung spricht, welche Schömann zwischen einem benef. executionis und einem benef. damnationis mache; man möchte beinahe glauben, das Schömann'sche Handbuch habe Altmann gar nicht vorgelegen, und wird hierin noch bestärkt, wenn man bei ihm liest: „Die Zulässigkeit der Competenzwohlthat gegen die actio judicati hat zuerst Schömann veranlaßt, hierin ein besonderes benef. executionis zu sehen." Wo steht denn bei Sch. etwas von der Zulässigkeit des benef. gegen die actio judicati oder gar davon, daß diese ihn zu seiner Theorie veranlaßt habe? Wir vermögen nichts davon zu finden. Die eigentlichen Gründe Schömann's, daß die Quellen nichts vom Abzug des Unterhaltes oder gar standesgemäßen Unterhaltes gegenüber der ersten Klage sagen, finden wir bei Altmann überhaupt nicht erwähnt und demgemäß auch keinen Widerlegungsversuch bezüglich der wahren Theorie Schömann's.

[10] Nur Heimbach scheint das beneficium „ne egeat" auf den Schenker beschränken zu wollen.

dieselbe Ansicht in seiner Abhandlung kurz andeutete, stimmte man ihm eigentlich allgemein nur darin zu, daß die ursprüngliche Bedeutung des benef. in der Verurteilung auf den ganzen Betrag des Vermögens lag und daß von einem Abzuge im altrömischen Recht überhaupt keine Rede war. Dies richtig erkannt zu haben und dadurch zu einem erneuten Studium der Quellen vom Standpunkte der geschichtlichen Entwicklung unseres Rechsinstitutes angeregt zu haben, ist ein Verdienst, welches ihm heutzutage wohl niemand mehr streitig macht; aber immerhin muß zugegeben werden, daß Schömann selbst die geschichtliche Entwicklung übersehen hat, da er keinen Unterschied zwischen älterem und späterem römischen Recht macht. —

Wenn Franke[11] nun zwar meint, daß hiermit nur „eine historische Notiz über antiquiertes Recht gewonnen," und Sintenis[12] behauptet, daß dies „ohne allen praktischen Wert" sei, so glauben wir doch nicht, wie letzterer, daß deshalb dieser Gegenstand auf sich beruhen könne, denn die praktische Geltung ist für die wissenschaftliche Behandlung gleichgültig, letztere trägt ihren Zweck in sich selbst und geschieht nicht um jener Willen. Das ist ja eben das Wesen der wahren historischen Methode, daß sie die Rechtsinstitute auch in ihrer ursprünglichen Bedeutung erforscht und dadurch ein richtiges Verständnis für die spätere Gestaltung ermöglicht. Wie sich die Erkenntnis der wahren Bedeutung eines hervorragenden Mannes nicht aus der Betrachtung desselben, wie er uns zu einer bestimmten Zeit seines Lebens erscheint, ergiebt, sondern aus der Berücksichtigung des ganzen Entwickelungsganges, so ist es auch bei einem Rechtsinstitut: das Sein wird nur aus dem Werden verstanden.

§ 8. Während die Schömann'schen Ausführungen fast die Gesammtheit der Juristen zu der Überzeugung führten, daß wenigstens die ursprüngliche Bedeutung der condemnatio i. q. d. f. p. in der Verurteilung auf das gegenwärtige Vermögen beruhte, ist doch ein Widerspruch nicht ausgeblieben, welcher von Thibaut ausging und von Unterholzner fortgesetzt wurde. Beide behaupteten, wie die frühere Meinung, daß das beneficium schon von Anfang an zum Behalten des Notbedarfs berechtigt habe, und leugneten demgemäß jede geschichtliche Entwickelung. Thibaut[13] meint, daß das beneficium eigentlich gar keine Wohlthat gewesen wäre, wenn der Schuldner sein ganzes Vermögen hätte abtreten müssen. Wir werden später bei der eigenen Darstellung des wahren Wesens des benef.

[11] Archiv f. civ. Pr. XXIII S. 393.
[12] Civilrecht, Bd II.. § 91. N. 48 in medio.
[13] Civil. Abh. S. 346 f.

2*

comp. zeigen, daß dasselbe sowohl im älteren römischen Recht als auch nach Erlaß der lex Julia de cessione bonorum und auch noch im justinianischen Recht immerhin Vorteile gewährte und daß demgemäß jener Einwand Thibauts hinfällig ist. Thibaut wird mit den Argumenten Schömann's „leicht fertig“, wie er sagt; er giebt dem „in quantum facere possunt“ einfach eine „Kunstbedeutung“, indem er es mit dem Ausdruck des gewöhnlichen Lebens vergleicht: „ich bin nicht im Stande, zu zahlen“, womit man die Unmöglichkeit bezeichnen wolle, ohne Gefährdung seiner vermögensrechtlichen Existenz leisten zu können. Auch mit der l. 19 § 1 D. de re jud. 42,1, welche Schömann als Beweis dafür anführt, daß dem Schenker im Gegensatz zu den meisten der andern Privilegierten das Notdürftigste gelassen sei, wird Thibaut etwas leichtfertig „leicht fertig“.[14] Er meint, der Jurist werfe die Frage, ob dem Schenker etwas zu lassen sei, nur deshalb auf, weil derselbe ja rücksichtlich des Abzuges der andern Schulden ganz besonders privilegiert sei und deshalb Zweifel entstehen könnten, ob er auch noch die Alimente abziehen dürfe. Diese Erklärung Thibauts ist kaum zu begreifen, denn lag wirklich, wie Thibaut ja behauptet, das Wesen der Rechtswohlthat von Anfang an im Abzug der Alimente, so würde Paulus sich ganz gewiß nicht veranlaßt gefühlt haben, diese Frage noch besonders bei dem Schenker zu erwähnen, von dem derselbe Paulus in l. 49. D. de re jud. 42,1 sagt: „pinguius enim donatori succurrere debemus,“ also in reicherem Maße, als den andern, müsse ihm geholfen werden; daß sich diese Worte auf den Abzug der Schulden beziehen, ist ganz offensichtlich. Nach Thibaut würden dieselben ausdrücken, daß diese Hülfe weiter gehe, als auf den selbstverständlichen Abzug des Notbedarfs; daß dies nicht richtig ist und daß der Abzug des Notwendigsten vielmehr eine noch weitergehende Hülfe und Milderung für den Schenker ist, als der Abzug der Schulden, geht aus der l. 19. § 1 cit. deutlich hervor, wo Paulus dieser letzteren, unbezweifelten Vergünstigung des Schenkers als eine seiner persönlichen Meinung nach („puto“) zuzubilligende, noch weitergehende („immo“) Wohlthat die Rückbehaltung des Notwendigsten hinzufügt. Jene Erklärungsweise Thibauts hat denn auch eigentlich niemanden außer Unterholzner befriedigt, und Vangerow[15] hat dieselbe gründlich abgefertigt, indem er auf jene, von Thibaut dem Paulus zugeschobenen Zweifel höchstens eine responsio Celsina für angemessen hält und damit indirekt Thibaut eine quaestio Domitiana in den Mund legt. Nur Unterholzner[16] hält es, wie erwähnt, gleichfalls

[14] Vergl. Thibaut S. 348.

[15] Pand. I. § 174. Anm. 1. S. 289 i. f.

[16] Lehre des röm. Rechts von d. Schuldverhältnissen, Bd., I. 1840. § 181.

für nicht bewiesen, daß das Behalten des Notbedarfs eine erst später hinzugekommene Erweiterung sei, vielmehr bedeute das facere posse „erschwingen können", und dies sei ein Ausdruck, der „mehr oder minder strenge" verstanden werden könne. Die Widerlegung dieser Ansichten Thibauts und Unterholzners wird sich aus unseren späteren Ausführungen ergeben; hier sei nur hervorgehoben, daß Unterholzner die Hauptbeweisstelle gegen seine Meinung, nämlich die l. 19 § 1 D. de re jud. 42,1 in derselben Weise wie Thibaut erklärt, aber beim Citieren derselben das Wort „puto" fortläßt[17], welches ja vor allem beweist, daß der Abzug des Notwendigsten nicht den althergebrachten, feststehenden Inhalt der Rechtswohlthat ausmachte, sondern eine noch keineswegs allgemein anerkannte, dem Schenker zugebilligte Neuerung war.

§ 9. Jene von Thibaut und Unterholzner verfochtene völlige Ablehnung der Schömann'schen Anregungen findet heutzutage wohl kaum mehr einen Verteidiger; in geringerem oder größerem Maße billigt man überall seine Ansichten. Am weitesten ist in dieser Anerkennung jene Richtung gegangen, als deren Vertreter man v. Vangerow, Zimmern, Mühlenbruch, Heimbach, Fritz, Holtius und v. Schröter nennt. Doch ist zwischen diesen Juristen noch zu unterscheiden. Während eigentlich Alle geringe Abweichungen in ihren Ansichten aufweisen, sind sie doch sämtlich, mit Ausnahme von Holtius, für die Annahme eines doppelten beneficium; letzterer allein hat den wahren Kern der Schömann'schen Abhandlung erkannt und herausgegriffen. Seinen Ausführungen soll deshalb ein besonderer Paragraph gewidmet werden. Vangerow[18], welcher als Hauptvertreter der Theorie des doppelten beneficium anzusehen ist, weil er dieselbe in klarster und scharfsinnigster Weise, wie sie ihm ja eigen ist, begründet hat, leugnet nicht, wie Baron[19] meint, die historische Entwickelung unseres Rechtsinstituts; er erkennt an, daß die ursprüngliche Bedeutung desselben in der Verurteilung auf den Betrag des Vermögens gelegen habe, durch welche völlige Befreiung von der Restforderung eingetreten sei, und daß dann als spätere Erweiterung das Behalten der notwendigen Subsistenzmittel hinzugekommen sei. Er leugnet aber, im Gegensatz zur jetzt herrschenden „historischen" Theorie, daß durch diese spätere Erweiterung die ursprüngliche Bedeutung dergestalt verdrängt worden sei, daß das Wesen des beneficium nicht mehr in der Verurteilung auf den Betrag des Vermögens, sondern in dem Behalten des Notbedarfs beruhte. Die Er-

[17] Diese Worte lauten bei ihm: „immo nec totum, quod habet, extorquendum est, sed et ipsi ratio habenda est, ne egeat."

[18] Pandekten Bd. I. § 174. Anm. 1.

[19] Pandekten, 6 Aufl. § 228 S. 383.

weiterung habe neben der alten Rechtswohlthat fortbestanden, und es seien deshalb zwei Beneficien vorhanden, ein Condemnationsbeneficium und ein Exekutionsbeneficium. Ersteres sei das alte benef. cond. i. q. d. f. p., beruhe in der Verurteilung auf den ganzen Betrag des Vermögens und bewirke für die Restschuld Befreiung, wann nicht cautio geleistet werde; diese cautio sei aber im älteren Recht wohl in allen Fällen zugelassen[20], während im justinianischen Recht eine Nachforderung ohne vorhergehendes Cautionsversprechen gestattet sei. Das Executionsbeneficium bestehe in jener später hinzugekommenen Bestimmung, daß bei der Exekution auch die notdürftigen Mittel zum Unterhalt behalten werden könnten; das, was hierdurch dem Gläubiger entgehe, habe schon nach früherem Recht ohne cautio nachgefordert werden können.

Wenn Schömann aber dieses letztere beneficium nur einigen jener privilegierten Personen zuerkenne, so sei dies jedenfalls für das justinianische Recht falsch, denn nach diesem wären beide beneficia allen jenen Personen zugebilligt und immer zusammengetroffen; daher habe man auch beide mit dem gemeinsamen alten Namen, „condemnatio in quantum debitor facere potest“ bezeichnet.

Diese Theorie, welche Vangerow ausführlich zu begründen versucht hat, findet sich in ihren Grundzügen schon bei Zimmern,[21] wenn derselbe auch nicht so scharf und bestimmt zwischen den beiden beneficia unterscheidet, sondern meint, daß jene spätere Erweiterung „wohl nicht schon bei der Kondemnation, sondern erst bei der wirklichen Exekution“ berücksichtigt sei, wozu ihn namentlich der Ausdruck „extorquendum“ (vgl. l. 19 § 1 D. 42, 1; l. 173 pr.. D. 50, 17) veranlaßt.[22] Im wesentlichen dieselben

---

[20] So in der 7. Aufl. I. S. 290 unten, während er in früheren Auflagen gegen allgemeine Zulässigkeit der cautio gewesen zu sein scheint, wie aus Franke (a. a. O. S. 398 unten) hervorgeht. Altmann, dem doch selbst die 7. Aufl. Vangerow's vorgelegen hat (cf. S. 9 N. 46.) hat es scheinbar nicht der Mühe für wert gehalten, Vangerow's Ansicht bei diesem selbst nachzulesen, sondern giebt wörtlich die Bemerkung Franke's wieder, daß V. die cautio nur in zwei Fällen zulassen wolle.

[21] Geschichte des römischen Privatrechts, III. Bd. (der röm. Civilproceß), 1829, § 141. S. 425 f. Da Vangerow's Lehrbuch in erster Auflage (als „Leitfaden für Pandektenvorlesungen“) erst im Jahre 1838 erschien, Zimmern's Buch jedoch schon 1829, so ist es mindestens ungenau, wenn Altmann (S. 22) sagt: „Zimmern glaubte noch eine Bestätigung der Vangerow'schen Theorie ... zu finden“.

[22] Hierauf hat nicht Zimmern als Erster hingewiesen, wie man nach Altmann (S. 22) annehmen könnte, sondern eine derartige Bemerkung findet sich schon bei Holtius (a. a. O. S. 91. N. 1.).

Ansichten finden wir auch bei Heimbach,[23] Mühlenbruch[24] und Fritz.[25]

§ 10. Der Ursprung dieser Theorie des doppelten beneficium wird nun zwar in der Regel auf Schömann zurückgeführt, wir haben aber schon oben gesehen, daß eine derartige scharfe Trennung bei ihm nicht zu finden ist. Das Wahre und Wesentlichste in seinen Ausführungen hat allein Holtius[26] erkannt und in einer außerordentlich klaren, wahrhaft klassischen Weise näher ausgeführt und mit Gründen belegt. Auch er erkennt an, daß der ursprüngliche Inhalt des beneficium nur in einer Verurteilung auf den ganzen Betrag des Vermögens beruhte, er giebt ferner zu, daß später eine Berücksichtigung des Notwendigsten stattgefunden habe, und zwar in allen Fällen, aber er betont mit Recht, daß hierdurch das Wesen der Rechtswohlthat keineswegs geändert sei. Es habe vielmehr auch noch im justinianischen Recht der Inhalt in der Verurteilung auf das ganze Vermögen beruht, während jener Abzug eine ganz unwesentliche Modifikation gewesen sei, wie denn auch in den Quellen dies als eine Zuthat erscheine, welche die Juristen nur nebenbei erwähnten und welche auch wohl nur in einem ganz geringfügigen Abzuge beruht habe. So ist nach ihm das beneficium auch noch im justinianischen Recht eine einzige Rechtswohlthat, und deshalb darf er auch nicht, wie es geschehen ist, zu den Anhängern der Theorie des doppelten beneficium gezählt werden.

In den Hauptpunkten halten wir nun die Ansicht des Holtius für die richtige; wir sind zu derselben Ansicht auf Grund eingehenden Quellenstudiums gelangt, ohne vorher jene treffliche Abhandlung gelesen zu haben. Wenn wir dann auch später in letzterer unsere Theorie über die wahre Bedeutung des beneficium competentiae schon vertreten fanden, so weichen wir doch einerseits rücksichtlich der Begründung derselben von jenem Schriftsteller in einigen Beziehungen ab, andererseits sind wir aber auch in manchen, nicht unwesentlichen Punkten anderer Meinung, als Jener. So billigen wir vor Allem nicht seine Ansicht über die Nachforderung des Residuum, welche er nur in zwei Fällen vermittelst einer cautio zulassen will, (hierin sieht er den Hauptvorteil des beneficium), ferner scheint er, was die geschichtliche Entwickelung betrifft, nicht erkannt zu haben, daß die spätere Modifikation nicht sogleich bei

[23] In Weiskes Rechtslexikon, Bd. I. 1838 unter beneficium competentiae.

[24] Lehrbuch des Pandektenrechts 3. Aufl. 1839. I. Theil. §, 154. N. 2.

[25] In seiner Ausgabe des Lehrbuches von Wening-Ingenheim 5. Aufl. Bd. II. 1837, § 198 N. q. und besonders in seinen Erläuterungen u. s. w. Heft III. 1839. S. 111 f.

[26] In der oben S. 13 Note 28 genannten Abhandlung.

allen Personen, sondern zuerst beim Schenker und dann allmählich bis Justinian bei allen jenen Privilegierten zugelassen wurde. Und der dritte Punkt endlich, in welchem wir von Holtius Darlegung abweichen, ist der wichtigste. Wenn er nämlich auch zweifelnd sagt, daß der Begriff des Notwendigen wohl nicht sehr weit gefaßt wurde, so spricht er doch verschiedentlich von einem Abzug der „Alimente“[27] und erkennt ihn an; u. E. ist aber in den Quellen von einem Belassen der Alimente, des Lebensunterhaltes, keineswegs die Rede, denn es soll dem betreffenden Schuldner nur das Allernotwendigste verbleiben. Unsere Aufgabe wird daher sein, an der Hand der Betrachtung des geschichtlichen Zusammenhanges[28] unseres Rechtsinstitutes zu zeigen, daß die eigentliche Bedeutung des benef. comp. auch im justinianischen Recht in der Beschränkung der Verurteilung auf den Betrag des Vermögens beruhte und daß jene, zuletzt allgemein zugelassene Erweiterung nur unwesentlich und von geringem Umfange war; sodann werden wir kurz den Inhalt des nachrömischen benef. comp. darlegen und zu zeigen versuchen, wie die gemeinrechtliche Theorie und Praxis zu ihrer irrtümlichen Auffassung des römischen Rechtsinstitutes gelangt sein mag.

Jene Abhandlung von Holtius ist in Deutschland zuerst in weiteren Kreisen bekannt geworden durch die Recension von Schröter's,[29] welcher sich für die darin vertretene Ansicht aussprach, aber in einem wichtigen Punkte Jenen nicht verstanden hat, da er von einer neuen Wohlthat bei der Exekution spricht, welche nur eine exceptio gegen die auf das ganze Vermögen gerichtete actio judicati gewähre. Daß dies Holtius Ansicht sei, dagegen hat dieser selbst Verwahrung eingelegt[30] indem er nochmals ausdrücklich feststellte, daß seiner Ansicht nach die Berücksichtigung des Notbedarfs gemäß der l. 173 D. de reg. jur. 50,17 schon bei der condemnatio, also officio judicis geschehe. Hierin beruht ja gerade das eigentliche Verdienst des Holtius, gezeigt zu haben, daß das beneficium auch im späteren römischen Recht eine einzige Rechtswohlthat war, nämlich das alte benef cond. i. q. f. p., nur geringfügig erweitert; dies hat v. Schröter verkannt,[31] wie auch die

[27] Z. B. S. 91 an zwei Stellen.

[28] Diesen geschichtlichen Zusammenhang schliesst Holtius ausdrücklich aus dem Kreise seiner Betrachtungen aus (in der krit. Zeitschr. f. Rechtsw., Bd. IV. S. 504).

[29] In der (Tübinger) krit. Zeitschr. f. Rechtswissensch., Bd. IV. 1828 S. 76—80.

[30] In der krit. Zeitschr. f. Rechtsw. Bd. IV. S. 505.

[31] Franke a. a. O. S. 393. meint irrthümlich, dass auch nach v. Schröter das beneficium als eine einzige, ungetheilte Einrede erscheine.

meisten späteren Juristen. Und so scheint die ganze Theorie des doppelten beneficium, wie sie später von Zimmern, v. Vangerow u. a. ausgebildet worden ist, ihren Ursprung in Schröter's mißverständlicher Besprechung der Holtius'schen Ansicht zu haben.

§ 11. Bevor wir nun zur eigenen Darstellung des Wesens des beneficium competentiae übergehen, ist es noch erforderlich die heutzutage herrschende Theorie in ihren Grundzügen vor Augen zu führen. Diese Theorie wird meist die „historische" genannt, doch kann diese Bezeichnung für dieselbe nicht ausschließlich in Anspruch genommen werden, da auch die anderen Theorieen, mit Ausnahme derjenigen von Thibaut und Unterholzner, die geschichtliche Entwickelung des Rechtsinstitutes mehr oder weniger anerkennen. Wir verwerfen deshalb für die herrschende Theorie jene Bezeichnung und setzen, im Anschluß an Holtius[32], an ihre Stelle den Ausdruck „Alimententheorie". Wenn aber Jenen zu dieser Bezeichnung lediglich der Umstand bewogen haben mag, daß die herrschende Theorie fälschlich das Wesen des beneficium im Behalten der Alimente findet, so kommt für uns noch als zweiter Grund hinzu, daß in Wahrheit auch im justinianischen Recht dasjenige, was dem Schuldner bei der ersten Klage gelassen wurde, nicht in den Alimenten, sondern nur in dem Allernotdürftigsten bestand. Diese Alimententheorie wird vor allem vertreten von Franke und Altmann, sowie von den Verfassern der meisten Lehrbücher des Pandektenrechts.[33] Man erkennt an, daß die ursprüngliche Bedeutung des beneficium in der Beschränkung der Verurteilung auf den Vermögensbetrag beruht habe und daß hierdurch vor allem eine Abwendung der Personalexekution bezweckt worden sei. Die ersten Fälle seien durch das prätorische Edikt eingeführt, während die übrigen Fälle teils der Praxis,[34] teils kaiserlichen Reskripten ihre Entstehung verdankten. Als nun später durch die lex Julia de cessione bonorum auch der gewöhnliche Schuldner der Personalhaft habe entgehen können,[35] da habe der ursprüngliche Inhalt des beneficium keinen Sinn mehr gehabt und sei über-

[32] In seiner Abhandlung S. 95.

[33] So von Sintenis, Puchta, Arndts, Windscheid und Dernburg.

[34] Wenn Altmann (S. 5.) mitten in die Darlegung der allmählichen Erweiterung der Anwendungsfälle die durch die Praxis erfolgte Feststellung des „allgemeinen Prinzipes des benef. comp. (C. 173. D. 50, 17)", stellt, so ist dies nicht recht zu verstehen, denn dieses allgemeine Prinzip bezieht sich auf den Inhalt des beneficium und gehört demgemäss als Schlußstein in die von ihm später behandelte Erweiterung des Inhaltes.

[35] Franke a. a. O. S. 412 u. 414; Altmann a. a. O. S. 7.

flüssig geworden.[36] Um dasselbe nun nicht zu einem hohlen Namen werden zu lassen, habe man einen neuen Kern hineingelegt, nämlich die Rückbehaltung der notwendigen Subsistenzmittel, welche zuerst dem Schenker, im Laufe der Zeit aber allen jenen privilegierten Schuldnern zugebilligt worden sei. Und so sei denn der Charakter der Rechtswohlthat im justinianischen Recht ein ganz anderer geworden: während er früher in der Abwendung der Personalexekution beruht habe, sei nunmehr eine Beschränkung der Realexekution daraus geworden.[37]

Daß auch diese Alimententheorie den Quellen nicht entspricht, ist schon oben angedeutet und wird des Näheren im folgenden ausgeführt werden.

III. Kapitel.

Entwickelung unserer eigenen Ansicht über die eigentliche Bedeutung des beneficium competentiae im römischen Recht.

§ 12. Nachdem wir somit eine Übersicht über die verschiedenen Ansichten, welche über unser Rechtsinstitut aufgestellt sind, gegeben haben, wenden wir uns nunmehr zur Darstellung unserer eigenen Ansicht über dasselbe. Wir werden unserer Erörterung die geschichtliche Methode zu Grunde legen, indem wir mit den Zeiten beginnen, in welche der Ursprung des benef. comp. zu fallen scheint, und sodann untersuchen, ob und welchen rechtlichen Veränderungen dasselbe im Laufe der Jahrhunderte unterworfen war, um somit zur Erkenntnis der wahren Bedeutung, welche es im justinianischen Recht hat, zu gelangen.

Ein jedes Recht wird sich zu dem Grundsatze bekennen, daß die in den Vermögensverhältnissen beruhende Unfähigkeit des Schuldners, eine gegen ihn bestehende Forderung zu erfüllen, regelmäßig auf den Bestand der obligatio keinen Einfluß ausübt; die Verpflichtung findet in der Unzulänglichkeit seines

---

[36] Daß dies keineswegs der Fall war, wird später gezeigt werden. Wenn Altmann (S. 7. N. 36.) den Satz, dass durch die lex Julia das ursprüngliche beneficium überflüssig geworden sei, auch als die Meinung Windscheids (Pand. Bd. II. § 267. N. 1.) hinstellt, so ist das eine Ungenauigkeit, denn nach Letzterem ist das ursprüngliche beneficium durch die spätere liberalere Interpretation „überholt und überflüssig“ geworden. Dies ist aber etwas ganz Anderes.

[37] Franke S. 414; Altmann S. 8.

Vermögens nicht ihre Grenze, sondern geht über dasselbe hinaus. Wer diesen Satz nicht anerkennt, verwechselt Recht und Thatsache, wie es Thibaut[1] gethan hat, als er die „gänzliche Unhaltbarkeit" der Schömann'schen Theorie darlegen wollte. Wenn, so meinte er, das Wesen des benef. comp. in der Verurteilung auf den ganzen Betrag des Vermögens beruhe, so sei es in Wahrheit keine Rechtswohltat mehr, „denn kein Schuldner braucht mehr herauszugeben, als er besitzt, weil sich das Unmögliche nicht möglich machen läßt; und so wäre es eine der größten Sonderbarkeiten, wenn die Gesetze gewissen Personen als Vorrecht beilegten, was sich schon nach gemeinem Recht für Jedermann von selbst versteht." Schon Holtius[2] hat diese Behauptung gründlich abgethan; wäre dieselbe richtig, sagte er, so würde Martial's Spottvers ein juristisches Dogma sein:

„Sexte, nihil debes; nil debes, Sexte, fatemur.
Debet enim, si quis solvere, Sexte, potest."

Und in der That müssen wir es unbegreiflich finden, wie ein Jurist jenen Satz aufstellen konnte. Wohl kann man es erklärlich finden, wenn der Laie, welcher vor allem das praktische Resultat im Auge hat, Recht und Thatsache verwechselt, wie denn auch dieser Verwechslung Sätze, wie „ultra posse nemo obligatur" oder „wo nichts ist, da hat der Kaiser sein Recht verloren" entsprungen sind, aber die Wissenschaft hat sich von solcher oberflächlicher Betrachtung fern zu halten.

Daß jene Thatsache nun vom Recht in der Regel nicht berücksichtigt wird, zeigt sich darin, das an sich das Urteil trotz der Vermögensunzulänglichkeit auf den ganzen Betrag der Schuld gerichtet wird, und in den rechtlichen Folgen, die sich an die Nichterfüllung des Urteils knüpfen. Derartige rechtliche Folgen wird ein jedes Recht festsetzen, wenn dieselben auch in den Rechten der verschiedenen Völker, ja selbst in den Rechtsperioden desselben Volkes verschieden gestaltet sein mögen.

Was nun das alte römische Recht betrifft, wie es sich in den XII Tafeln darbietet, so waren jene rechtlichen Wirkungen im allgemeinen folgende. Kam der Verurteilte der im Urteil ausgesprochenen Verpflichtung nicht nach, so war ihm noch eine Frist von 30 Tagen gegeben, um die schuldige Summe zu beschaffen; war diese Frist ohne Erfüllung verstrichen und trat kein vindex auf, so wurde der Schuldner dem Gläubiger addiziert, wodurch letzterer berechtigt wurde, ihn mit sich zu führen und zu fesseln

---

[1] Civil. Abh. 1814, XVI. Abh. S. 347.
[2] a. a. O. S. 86—87.

(secum ducere et vincire). Trat nun nach dreimaliger öffentlicher Aufforderung binnen 60 Tagen noch kein vindex auf, so verfiel der Schuldner völlig der Verfügungsgewalt des Gläubigers, welcher damit sogar das Recht erhielt, ihn zu töten; waren mehrere Gläubiger vorhanden, so konnten sie „partes secare", was wohl wörtlich verstanden werden muß.[3]

Wenn nun auch diese rohe Bestimmung, welche dem Gläubiger das Recht üher Leben und Tod des Schuldners einräumte, bald auser Geltuug kam, so blieb doch die addictio bestehen. Es galt also das Prinzip: Die Nichterfüllung der aus dem judicatum entstandenen obligatio[4] zieht die Personalhaft nach sich; reicht das Vermögen des Schuldners nicht aus, so haftet seine Person selbst.[5] Diese auf die Personalexekution gerichtete actio judicati hat ihren Charakter und ihre Geltung noch bis in das justinianische Recht hinein bewahrt, wenn die Gläubiger auch nach Einführung anderer Exektionsarten immer mehr von jener Art der Verfolgung ablieBen nnd dieselbe demgemäß, zumal auch noch beschränkende Bestimmungen getroffen wurden,[6] nur vereinzelt angewandt wurde. Während also die addictio des alten, strengen Civilrechts noch lange allein bei Bestand blieb, machten sich im Laufe der Zeit mit der fortschreitenden Kultur humanere Rücksichten geltend, welche besonders im prätorischen Recht ihren Ausdruck fanden. So wurde neben jenem Verfahren auf Grund der actio judicati als Exekutionsart die venditio bonorum (mit Universalsuccession) eingeführt. Dieselbe wurde nach Gaius[7] durch den Prätor P. Rutilius im 7. Jahrhundert der Stadt allgemein eingeführt, war jedoch in einzelnen Anwendungen schon z. Z. der XII Tafeln in Gebrauch.[8] Die Eigentümlichkeiten dieser bonorum venditio bestanden nun darin, daß unter Wegfall der persönlichen Haftung des Schuldners die Gläubiger sich nur an das Vermögen halten konnten, welches nach richterlicher Loslösung von dem bisherigen Eigentümer durch Universalsuccesion auf den bonorum emtor überging. Auch dieses neue Exekutionsverfahren, neben welchem die Personalhaft auf Grund der actio judicati noch in Geltung blieb, hatte Nachteile für den

---

[3] Vergl. Bayer, Theorie des Concursprocesses, 2. Ausgabe, 1842, § 3; Zimmern a. a. O. § 46. N. 17.

[4] L. 3. § 11. D. de pecul. 15, 1: „judicati velut obligationem".

[5] Vergl. Franke, S. 403 f.

[6] Z. B. durch die lex Poetelia anno 428 a. u. c.

[7] Inst. IV. § 35: „a praetore P. Rutilio, qui et bonorum venditionem introduxisse dicitur."

[8] Gaius, Inst. III. § 78; vergl. Franke, S. 410; Puggé im Rheinischen Museum II., 1. S. 90.

Schuldner im Gefolge, da einerseits deminutio famae eintrat,[9] andererseits eine Befreiung von der Restschuld nicht stattfand.[10]

§ 13. In die Zeit dieses Rechtszustandes fällt nun wahrscheinlich die Einführung unserer Rechtswohlthat, der condemnatio in id quod debitor facere potest (in quantum facere potest) durch welche gewissen Schuldnern das Recht gegeben wurde, auf nicht mehr, als auf den Betrag des ganzen Vermögens verurteilt zu werden. Sie vermieden damit die schweren Folgen der Zahlungsunfähigkeit und entgingen sowohl der Personalhaft, welche die Folge der actio judicati war, als auch der Infamie als Folge der bonorum venditio. Die Herbeiführung dieser beiden schweren Folgen, durch welche die bürgerliche Existenz des Schuldners ganz oder teilweise vernichtet wurde, erschien den Römern als ein Verstos gegen die Moral (contra bonos mores), wenn sie von Seiten solcher Gläubiger geschah, welche mit dem Schuldner durch nahe persönliche Bande eng verknüpft waren, wie Verwandte, Ehegatten, socii, Schenker und Beschenkter. Andererseits machten sich auch öffentlich rechtliche Gesichtspunkte geltend, welche für gewisse Klassen von Personen jene Folgen als nicht zulässig erscheinen ließen, so bei den Soldaten während ihrer Dienstzeit und bei den eben gewaltfrei gewordenen Hauskindern, welche damit erst in das bürgerliche Leben hineintraten.

Lediglich die Rücksicht auf jene beiden schweren Folgen, die Personalhaft und Infamie, hat also wohl zur Einführung der condemnatio i. q. d. f. p. geführt, denn, wenn auch zugleich das dritte Charakteristium des geltenden Exekutionsverfahren, die Verpflichtung zur Nachleistung, ursprünglich für die Fälle des beneficium mit hinwegfiel, so ist dies wohl nicht als eine Ursache der Einführung zu betrachten, sondern als eine Wirkung des damaligen starren Prinzipes der Klagenkonsumtion.[11]

Über die Zeit der Einführung herrscht nun große Unklarheit, da die Quellen darüber keine genaueren Nachrichten geben.

---

[9] Vergl. v. Schröter a. a. O. S. 79; diesem tritt Holtius ebendort S. 405 nur bedingt bei, doch ergibt sich jene Folge der älteren venditio bonorum aus verschiedenen Zeugnissen, vergl. Gaius, Inst. II. § 154; Cicero pro Quinctil. cap. 15: „cujus bona ex edicto possidentur, hujus omnis fama et existimatio cum bonis simul possidetur"; vergl. auch eine Stelle der tabula Heracleensis in Hugo, civil. Magazin, Bd. III. S. 377.

[10] vergl. Holtius a. a. O. S. 405; Bayer § 11 N. 6; auch Schweppe, System des Konkurses. III. Ausg. 1829, § 87. Unrichtig v. Schröter, a. a. O. S. 79. und Franke S. 410.

[11] Hierin möchten wir Franke (S. 402) beistimmen, während nach Holtius Darstellung (Abhandl. S. 88—89) der Wegfall der Nachforderung als eine beabsichtigte Folge des beneficium erscheint.

Holtius[12] meint in seiner Zurückweisung der Auffassung v. Schröter's, daß es nicht richtig sei, die Einführung des beneficium condemnationis in eine spätere Zeit zu verlegen, wie die der bonorum venditio, da letztere frühestens in der ersten Hälfte des 7. Jahrhunderts der Stadt eingeführt sei, und ersteres wohl ungefähr um dieselbe Zeit, indem es von Ofilius, einem Zeitgenossen des Cicero, schon als geltendes Recht erwähnt werde.[13] Wir haben aber schon oben[14] nachgewiesen, das sich die ersten Anfänge der bonorum venditio schon im alten Civilrecht finden, während uns von einem Vorhandensein des benef. cond. zu jener Zeit nichts berichtet wird, vielmehr die ersten Anwendungsfälle desselben im prätorischen Edikt[15] zu finden sind; so können wir, wie es auch dem ganzen Charakter des beneficium entsprechend ist, dasselbe als einen Ausfluß des prätorischen Rechts ansehen, und zwar mag die Zeit der Einführung nicht allzuweit vor der Zeit des Ofilius liegen, da wir aus den früheren Zeiten noch keine Nachrichten darüber haben. Dabelow[16] meint, daß das benef. cond. gewiß nicht früher, als nach Wegfall der alten bonorum venditio (mit successio per universitatem) entstanden sei, und er nimmt jenen Wegfall als gegen Ende der Republik geschehen an.[17] Wenn dies auch rücksichtlich der Zeit der Einführung des benef. cond. einigermaßen mit unserer Ansicht übereinstimmt, so können wir doch seine Behauptung bezüglich der bonorum venditio nicht als richtig anerkennen, sondern sind der Ansicht, daß letztere und das benef. cond. gleichzeitig neben einander bestanden haben. Dabelow's Gründe für den Fortfall der bon. vend. zu jener Zeit, welche er vor allem auf die Steuerverhältnisse im römischen Reiche stützt, sind weder beweisend noch bewiesen, es spricht vielmehr manches dafür, daß sich die venditio bonorum mit Universalsuccession noch weit in die Kaiserzeit hinein erhalten hat.[18] Wir können somit annehmen, daß das benef. cond. nach der Einführung und vor dem Fortfall der vend. bon. zur Geltung gelangt ist, und zwar durch das prätorische Edikt in der nicht allzuweit vor Cicero liegenden Zeit. — Der Zweck, welcher dadurch erreicht werden sollte, beruhte, wie schon erwähnt, in der Abwendung der Personalhaft und Infamie. Es erschien unbillig, wenn z. B. ein Sohn den Vater durch Einklagung einer

[12] In der angeführten Zeitschrift S. 504—505.
[13] L. 18. § 1. D. sol. matrim. 24, 3.
[14] cf. oben § 12 gegen Ende.
[15] Vergl. auch Altmann S. 3. f.
[16] a. a. O. S. 160. Note a.
[17] a. a. O. S. 105.
[18] Vergl. Zimmern, § 81 i. f.

Forderung zum infamis machte (derselben ratio entsprang ja auch das Verbot der Anstellung der actiones famosae gegen Respektspersonen), oder wenn derjenige, welcher ein den Betrag seines Vermögens übersteigendes Schenkungsversprechen gemacht hatte, von dem Empfänger desselben deswegen zur Haft gebracht wurde, oder wenn Soldaten, während sie im Dienste des Vaterlandes unter den Waffen standen, durch Einklagung irgend einer Schuld dieser Dienstleistung durch Haft entzogen oder durch deminutio famae unwürdig des weiteren Dienstes wurden. Dergleichen Gründe machten sich in allen Fällen des beneficium geltend. Hierzu kam u. E. auch wohl der Umstand, daß einige dieser Verpflichtungsverhältnisse den Römern gar nicht als obligationes im strengsten Sinne des Wortes erschienen und deshalb auch nicht als mit der ganzen Strenge des Rechts verfolgbar angesehen wurden, so die Forderung der Kinder gegen die Eltern, des Beschenkten gegen den Schenker.[19] Um nun die schweren Folgen der Zahlungsunfähigkeit von jenen Personen abzuwenden, gab man ihnen das Recht, zu verlangen, auf nicht mehr verurteilt zu werden, als sie leisten konnten („in id quod facere possunt", „quatenus facere possunt"),[20] d. h. auf soviel, als ihr Vermögen zur Zeit des Urteils betrug („non ultra facultates damnetur", „quatenus facultates patiuntur").[21]

Daß das beneficium in seiner ursprünglichen Gestalt den Schuldner zu keinem Zurückbehalten irgend welcher Vermögensgegenstände berechtigte, Jener vielmehr sein ganzes gegenwärtiges Vermögen hingeben mußte,[22] wird heutzutage fast allgemein anerkannt. Wir verweisen bezüglich dieses Punktes auf unsere spätere Darstellung,[23] wo wir zeigen werden, daß auch im justinianischen Recht das eigentliche Wesen des benef. comp. lediglich in der Beschränkung der Verurteilung auf den Betrag des Vermögens beruhte.

Eine dritte, sich an das altrömische benef. cond. i. q. f. p. anknüpfende Wohlthat für den Schuldner war die Befreiung von der Nachforderung des Residuum. Wenn dies auch keineswegs eine zum Inhalte des benef. gehörende Begünstigung war und sich demgemäß nicht als direkte Wirkung desselben charakterisierte,

---

[19] Rücksichtlich des letzteren Falles geht dies aus l. 49 i. f. D. de re jud. 42, 1 hervor.

[20] z. B. l. 16 sq. D. de re jud. 42, 1; § 37 Inst. de act. 4, 6.

[21] z. B. l. 21 D. 42, 1; § 37 Inst. 4, 6.

[22] Es mag allerdings im einzelnen Falle ihm manches gelassen worden sein, wie z. B. seine täglichen Kleider, aber irgend welchen Anspruch hatte der Schuldner hierauf nicht.

[23] §§ 17 f., bes. § 20.

so ergab sich jene Folge aus dem altrömischen Prinzip der prozessualischen Konsumtion, nach welchem die ursprüngliche obligatio durch die litis contestatio aufgehoben wurde und ebenso die aus dieser entspringende obligatio durch das judicatum.[24] Sobald ein Anspruch einmal in judicium deduciert war, konnte er nicht wieder vorgebracht werden, selbst wenn er lediglich durch eine dilatorische Einrede zurückgewiesen war.[25] Der Beklagte haftete nur noch aus dem Urteil. War dies ein freisprechendes, so war er für alle Zeiten gegen den Anspruch des Klägers geschützt, war es ein verurteilendes, so war er verpflichtet, das, was ihm im Urteil auferlegt war, zu erfüllen. In den Fällen unseres beneficium war nun der Beklagte verurteilt in id quod facere potest, d. h. auf Leistung eines dem Werte seines ganzen Vermögens gleichkommenden Geldbetrages. Leistete er diesem Urteil Genüge, so war er jeder Verpflichtung gegenüber dem Gläubiger enthoben, der Anspruch desselben, sei es der ursprüngliche oder der durch litis contestatio oder judicatum veränderte, war für immer von der gerichtlichen Geltendmachung ausgeschlossen. Demgemäß war auch eine Klage auf den Rest, d. h. auf dasjenige, um welches die ursprüngliche obligatio das auf Grund des Urteils Geleistete überschritt, für den Kläger an sich ausgeschlossen. Daß hierin eine Härte für den Gläubiger lag, war evident. So wie man nun in einigen Fällen die Härten des alten, strengen, formellen Civilrechts durch Einführung der in integrum restitutio, durch utiles actiones, praescriptiones ect. zu beseitigen suchte, so die Härte der strengen prozessualen Konsumtiom bezüglich unseres beneficium durch cautiones:[26] der Schuldner, welcher das benef. comp. vorgeschützt hatte, mußte ein Versprechen („scilicet nuda promissio") des Inhalts leisten, daß er den Rest nachzahlen wolle, sobald er zu besseren Verhältnissen gelangt sei („si ad meliorem fortunam pervenerit").

Wenn nun auch die Zulässigkeit einer derartigen cautio in den Quellen nur für zwei Fälle[27] ausdrücklich erwähnt wird und wenn auch anzunehmen ist, daß dieselbe zuerst eben eine Besonderheit einzelner Fälle war, so können wir uns doch der Ansicht[28] nicht

---

[24] Vergl. die berühmte Stelle bei Gaius, Inst. III. § 180: „Tollitur adhuc obligatio litis contestatione, si modo legitimo judicio fuerit actum; nam tum obligatio quidem principalis dissolvitur, incipit autem teneri reus litis contestatione; sed si condemnatus sit, sublata litis contestatione incipit ex causa judicati teneri.

[25] Vergl. Franke, S. 425.

[26] Sintenis in der Zeitschr. f. Civ. u. Proc. Bd. XV. S. 327; Franke S. 426.

[27] L. 63. § 4 D. pro socio 17, 2; l. 47 § 2 D. de pec. 15, 1; l. ún. § 7 Cod. de rei uxor. act. 5, 13.

[28] Dieser Ansicht sind Holtius (S. 88 f.) und Zimmern (S. 428).

anschließen, daß auch im späteren römischen Recht eine allgemeine Zulässigkeit derselben nicht stattgefunden habe. Es ist vielmehr mit der herrschenden Meinung[29] anzunehmen, daß im Laufe der Zeit die cautio auf alle Fälle des benef. comp. ausgedehnt worden ist, andernfalls würden die Quellen wohl besonders hervorgehoben haben, daß die Zulässigkeit der cautio eine Besonderheit jener beiden Fälle sei. Eine derartige wichtige und die Rechtswohlthat wesentlich modificierende Bestimmung wäre wohl nicht in jener nur beispielsweisen Anführung zum Ausdruck gekommen, sondern wie es z. B. bei dem besonderen Recht des Schenkers, die übrigen Schulden abzuziehen, geschehen ist, in einen ausdrücklichen Gegensatz zu den andern Fällen gesetzt worden sein. Man gab also dem Gläubiger allgemein das Recht, rücksichtlich der Restforderung vom Schuldner vor dem Urteil ein Versprechen der Nachzahlung zu verlangen; machte er von dieser Begünstigung keinen Gebrauch, so war ihm wegen der prozessualen Konsumtion, die ja noch zur Zeit des Gaius galt, die Nachklage schlechtweg abgeschnitten. Daß sich dies im spätesten römischen Recht und jedenfalls zu Justinian's Zeiten wegen des Wegfalls des strengen Konsumtionsprinzipes geändert hat und daher die Nachforderung auch ohne erlangtes Kautionsversprechen zulässig war, werden wir später[30] sehen. Hier ist es nur erforderlich, zu zeigen, welche Wohlthaten sich ursprünglich an die Geltendmachung des beneficium knüpften. Die direkten Folgen waren also Vermeidung der Personalhaft und der Infamie, wozu als indirekte Wirkung der Wegfall der Restforderung trat. Aber selbst, wo dies letztere durch Gestattung einer cautio verhindert wurde, war dennoch ein Vorteil vorhanden, da auf Grund des Versprechens eine Nachklage nur gestattet wurde, wenn der Schuldner zu Vermögensverhältnissen gelangte, welche das zum Lebensunterhalte erforderliche überschritten, während, wenn eine Nachforderung schlechtweg ohne Vermittelung einer cautio gestattet worden wäre, der Gläubiger jeden, auch noch so geringen späteren Erwerb dem Schuldner wieder hätte nehmen können.[31]

§ 14. Mildere Ansichten, wie sie ja zur Einführung des benef. cond. i. q. d. f. p. geführt hatten, lagen auch der lex Julia de cessione bonorum zu Grunde, deren Bestimmungen hier nähere Betrachtung erfordern. Man bestrebte sich überall, das alte Recht, das jus strictum, mit den Grundsätzen der aequitas zu vereinigen. Wenn auch wohl kein direkter Hinblick auf das benef. cond. vor-

---

[29] v. Schröter a. a. O. S. 79; Altmann S. 24; Unterholzner § 182 N. u.; Franke S. 398 f.; v. Vangerow S. 290.

[30] Vergl. unten Seite 62.

[31] Vergl. auch Holtius S. 88 und 89.

lag und man jedenfalls nicht einfach die milden Bestimmungen desselben in gewissem Umfange auf alle schuldlosen Schuldner ausdehnen wollte, wie es einige neuere Juristen darzustellen suchen, so waren doch im allgemeinen die Gründe, welche zur lex Julia führten, ähnliche, wie diejenigen, welche das benef. cond. hervorgebracht hatten. Die Folgen des alten Exekutionsverfahrens, Personalhaft und Infamie, erschienen allzuhart für Schuldner, welche ohne eigene Schuld in Vermögensverfall geraten waren, und so wurden für diese Milderungen eingeführt,[32] welche schließlich zum Erlaß der lex Julia führten. Es ist hier, wie erwähnt, erforderlich, näher auf dieses Gesetz einzugehen, da es von großer Wichtigkeit für unser beneficium geworden ist. Denn einmal wurde auch demjenigen, welcher von der cessio bonorum Gebrauch gemacht hatte, das benef. cond. rücksichtlich aller aus der früheren Zeit stammenden Schulden bewilligt, andererseits wurde ihm daneben in betreff der letzteren die exceptio nisi bonis cesserit gegeben, deren Anwendung ihn im wesentlichen in dieselbe rechtliche Lage brachte, in welcher sich in den bisherigen Fällen des benef. comp. die Schuldner gegenüber der Nachforderung befanden. Sodann haben u. E. die Bestimmungen der Quellen über jene exceptio vor allem die spätere, seit der Glossatorenzeit herrschende unrichtige Auffassung der Juristen über das wahre Wesen des benef. comp. im justinianischen Recht veranlaßt; und wir werden deshalb auf diese Verwechslung genauer zurückkommen müssen. Endlich ist eine eingehende Betrachtung der cessio bonorum auch deshalb erforderlich, weil die herrschende Meinung die Behauptung aufgestellt hat, durch dieselbe sei die ursprüngliche Bedeutung des benef. cond. überholt und überflüssig geworden und deshalb der bisherige Inhalt des letzteren, der in der Verurteilung auf den Betrag des ganzen Vermögens beruhte, dahin erweitert und umgeändert worden, daß von nun an der Abzug des Notbedarfs das Wesen desselben ausgemacht habe.

Auch über den Zeitpunkt der Einführung dieser lex Julia ist Streit. Franke[33] ist, „aus mehrfachen Gründen" geneigt, sie für älter zu halten, als Julius Caesar. Diese Gründe ist er uns schuldig geblieben. In l. 4 Cod. qui bon. ced. possunt 7,71 ist ausdrücklich gesagt, daß die cessio bonorum durch eine lex Julia eingeführt worden sei, und dies läßt doch, solange nicht besondere Gründe dagegen vorliegen, darauf schließen, daß sie von Caesar oder Augustus herrührt.[34] Zwar finden wir schon früher vereinzelt

---

[32] Siehe Zimmern S. 245.

[33] a. a. O. S. 409.

[34] Vergl. auch Dabelow S. 113, der es für „ausgemacht" hält, dass die

ähnliche Bestimmungen für besondere Fälle,[35] aber weitgehendere und allgemeinere Normen wurden erst durch die lex Julia de bonis cedendis gegeben.[36] Daß dieselbe aus der Zeit vor Caesar stammt, ist eigentlich auch von Niemanden weiter behauptet worden, wohl aber ist seit jeher Streit darüber gewesen, ob sie von Caesar oder Augustus herrühre, da auch die Gesetze des letzteren julische genannt werden. Während man nun früher[37] jene lex allgemein dem Caesar zuschrieb, neigt sich die neuere Meinung mehr dahin, daß Augustus der Urheber sei,[38] und auch wir möchten uns dieser Ansicht anschließen, da u. E. zwischen der Einführung des benef. cond. und der cessio bonorum ein nicht gar zu kurzer Zeitraum gelegen hat. Mag dem nun sein, wie es wolle, jedenfalls enstammt die lex Julia einer späteren Zeit als unser beneficium, und zwar dürften mindestens einige Jahrzehnte zwischen beiden liegen, da, wie wir oben sahen, die Einführung des benef. cond. wohl einige Zeit vor Ofilius, dem Zeitgenossen des Cicero, geschehen ist.

Jenes Gesetz wollte also vor allem „die harten, die persönliche Freiheit und Rechtsfähigkeit der Schuldner bedrohenden Folgen der missio in bona abwenden,“[39] welche nach den milderen Ansichten jener Zeit der unverschuldet in Vermögensverfall geratene Schuldner nicht verdient hatte. Andererseits ging der Zweck des Gesetzes aber dahin, dadurch, daß der Überschuldete zur freiwilligen Eingabe seines Vermögens veranlaßt wurde, gerichtliche Weiterungen unnötig zu machen; somit bezweckte es auch den Vorteil der Gläubiger.[40]

Die Bestimmungen der lex Julia und das Verfahren auf Grund derselben waren ungefähr folgende. Nur die geständigen oder verurteilten (confessi aut judicati) Schuldner[41] waren berechtigt, ihren Gläubigern das Vermögen abzutreten (cedere bonis). Einer feierlichen, gerichtlichen Erklärung seitens des Schuldners bedurfte es nicht, sondern jede Erklärung des Willens („et per

---

cessio bonorum vor dem Julius Caesar als Rechtswohlthat noch nicht vorhanden gewesen ist.

[35] Siehe Zimmern S. 245.

[36] Erwähnt ist diese lex in unsern Quellen an drei Stellen: bei Gajus, Inst. III. § 78, in c. 1 Cod. Theod. 4, 20 und in l. 4 Cod. Iust. 7, 71.

[37] z. B. Leyser, med. ad pand., tom. VII., spec. 474; Püttmann, de cessione bonorum contumeliosa p. II.; neuerdings noch Bayer, Concursproceß § 12 N. 1 und Linde, Lehrb. d. Civilpr., 5. Aufl. 1838, S. 542.

[38] Dabelow S. 113 f.; Zimmern S. 247; Rohland S. 10.

[39] Sintenis, Civilrecht II. S. 160, N. 33.

[40] Vergl. auch Schweppe, a. a. O. § 3.

[41] l. 8. D. de cess. bon. 42, 3.

nuntium vel epistolam") genügte.[42] Die Abtretung mußte freiwillig, wenn auch auf Andrängen der Gläubiger, geschehen, also bevor zum Exekutionsverfahren geschritten war. Nachdem nun die Gläubiger die cessio acceptiert hatten, rief der Prätor dieselben zusammen, damit sie einen magister, später nach Aufkommen der distractio bonorum einen dem magister gleichstehenden curator bonis distrahendis wählten.[43] Dieser leitete dann den Verkauf, worauf nach bestimmten Fristen durch den Prätor der Zuschlag (addictio) an den meistbietenden (bonorum emtor) erfolgte, welcher ursprünglich durch Universalsuccession ganz an die Stelle des Schuldners trat, bonitarisches Eigentum und utiles actiones in aktiver und passiver Beziehung erlangte, den Gläubigern aber nur die ausbedungenen Prozente zu zahlen brauchte. Als sich in späterer Zeit ein bonorum emtor oft nicht fand, kam auch wohl bei der cessio bonorum die distractio auf.

Was mußte nun der Schuldner den Gläubigern hingeben? Sein ganzes gegenwärtiges Vermögen[44] mit Ausnahme der höchst persönlichen Rechte.[45] Er konnte also Nichts zurückbehalten, selbst nicht einmal die täglichen Kleider,[46] wenn ihm auch diese sowie vielleicht einige andere notwendige Kleinigkeiten aus Mitleid meist von den Gläubigern gelassen wurden.[47]

Diese freiwillige Hingabe des ganzen Vermögens hatte nun für den Schuldner mannigfache Vorteile im Gefolge. Während sonst zur Lostrennung der Person von ihrem Vermögen richterliche

---

[42] l. 9. D. 42, 3; Doch mögen im älteren römischen Recht gewisse Formalitäten verlangt worden sein, wie aus l. 6. Cod. qui bon. ced. poss. 7, 71 hervorzugehen scheint, vergl. auch Dabelow S. 130; jedenfalls hat aber Theodosius im Jahre 386 dies ausdrücklich beseitigt („scropulositate priorum legum explosa") und bestimmt: „in omni cessione sufficit voluntatis sola professio" (cf. l. 6 Cod cit.).

[43] Zimmern S. 252.

[44] Vergl. Domat, les lois civiles dans leur ordre naturel 1689—1697, livr. II. titre V, sect. I: „La cession des biens est l'abandonnement, qui fait un debiteur de tous ses biens à ses créanciers pour sortir de prison ou pour l'éviter"; Dabelow S. 125 f.; Rohland S. 26 f.

[45] Bayer S. 68.

[46] Cicero pro Quinctil. N. 49 „Cujus vero bona venierunt, cujus non modo illae amplissimae fortunae, sed etiam victus vestitusque necessarius sub praecone cumdedecore subjectus est ect." vergl. auch Bayer S. 69, N. 8.

[47] Dabelow S. 127; Rohland S. 28; Bayer S. 26, N. 2. Wenn aber Schömann (S. 69 in der Note) meint, daß hierauf die Worte der l. 6. D. de cess, bon. 42, 3; „si quid misericordiae causa ei fuerit relictum" hinweisen wollen, so irrt er, denn dieselben beziehen sich auf den späteren nach der cessio gemachten Erwerb („quaesiit", „adquisitum") und zwar auf den Fall, wo dem Schuldner Etwas aus Mitleid letztwillig hinterlassen ist; dies soll den Gläubigern bei der Nachforderung des Residuum entzogen sein.

Absonderung (bei der bonorum venditio mit Universalsuccession) erforderlich war, oder dem Schuldner der Personalarrest drohte, hatte letzterer in der cessio bonorum ein Mittel, sich selbst von seinem Vermögen loszusagen und dadurch jene Nachteile zu vermeiden.[48] So war denn der Hauptvorteil, welchen die cessio bonorum gewährte, die Vermeidung der Personalhaft,[49] welche ja sonst das auf Grund der actio judicati eingeleitete Exekutionsverfahren mit sich brachte. Dies war aher nicht der einzige Vorteil.[50] Wir sahen oben, daß der Gläubiger, anstatt auf Grund der actio judicati gegen die Person des Schuldners vorzugehen, auch zur venditio bonorum schreiten konnte, welche gegen das Vermögen, nicht gegen die Person gerichtet war, daß dieselbe aber für den Schuldner die Infamie nach sich zog. Auch diesem Nachteil entging letzterer durch die Abtretung seines Vermögens;[51] wenn zwar auch hier eine venditio bonorum stattfand, so wurde dieselbe doch nicht „als eine fingierte capitis deminutio angesehen".[52] Gleichwie nun aber jene alte bonorum venditio eine Befreiung von der Nachforderung nicht gewährte,[53] so auch hier. Die Forderung auf dasjenige, was die Gläubiger zu wenig erhalten hatte, blieb an sich völlig zu Recht bestehen.[54] Aber ein weitgehender Vorteil wurde demjenigen, welcher bonis cediert hatte, durch die Gewährung der exceptio nisi bonis cesserit eingeräumt, kraft welcher er die Forderungen früherer Gläubiger so lange zurückweisen konnte, als seine Vermögensverhältnisse nicht das zum Lebensunterhalte Erforderliche überschritten.[55] Eine neue Klage sollte nur dann gewährt werden, wenn das neu Erworbene kein „modicum", sondern ein „idoneum emolumentum" war (vergl. auch: „siquid postea pinguius ei accesserit"); nur das Vorhandensein eines „nicht ganz unbeträchtlichen Vermögens" schloß die exeptio nisi bonis cesserit aus.[56] — Als ein weiterer Vorteil wurde schließlich demjenigen, welcher

---

[48] Dabelow S. 122.

[49] l. 1. Cod. qui bon. ced. poss. 7. 71 („ne judicati detrahantur in carcerem"); hierauf beziehen sich auch die Worte der l. 8 Cod. eod.: „et omni corporali cruciatu semoto."

[50] Zu eng ist daher der Ausdruck in l. 1. Cod. 7. 71.

[51] l. ult. pr. Cod. qui bon. ced. poss. 7. 71; l. 11 Cod. ex quib. caus. infam. irrog. 2, 12.

[52] Zimmern S. 247.

[53] Vergl. Holtius S. 405; Bayer, § 11 N. 6.

[54] Gajus, Inst. II. § 155; l. 7 D. 42, 3 l. 1 und l. 7 i. f. Cod. qui bon. ced. poss. 7, 71.

[55] § 4 Inst. 4, 14; § 40 Inst. 4, 6; l. 6 u. 7 D. 42, 3; l. 7 i. f. Cod. 7, 71; l. 3 Cod. 7, 72.

[56] Vergl. Seufferts Archiv, Bd. XII. N. 332; Buchka und Budde, Entscheid. des O.A.G. zu Rostock, Bd. IV. S. 91 f.

bonis cediert hatte, das beneficium condemnationis in quantum facere potest gegeben. Wenn sich nämlich der Prätor wirklich veranlaßt gesehen hatte, eine Nachforderungsklage zu gewähren — also im Falle des Nichtplatzgreifens der exceptio nisi bonis cesserit —, so konnte der Schuldner bei dieser neuen Klage („ex integro") doch immer nur in id quod facere potest verurteilt werden.[57] Er mußte also dann zwar sein ganzes Vermögen hingeben, da auch hier vom Behalten des Notbedarfs nicht gesprochen wird, aber er hatte dann dieselben Vorteile, welche jenes beneficium in den übrigen Fällen gewährte und welche wir oben dargelegt haben. Im übrigen werden wir auf dieses benef. cond. bei der cessio bonorum später noch genauer zurückkommen. So waren also die für den Schuldner wohlthätigen Folgen der cessio bonorum folgende vier: 1) Vermeidung der Personalhaft; 2) Abwendung der Infamie; 3) exceptio nisi bonis cesserit; 4) beneficium competentiae.

§ 15. Es ist nunmehr der Frage näher zu treten, ob und welchen Einfluß die Einführung der cessio bonorum auf unser beneficium ausübte, und zwar ist dies vor allem deshalb erforderlich, weil die herrschende Meinung die Behauptung aufstellt, daß durch die Einführung der Güterabtretung der frühere Inhalt des benef. cond. überholt und überflüssig gemacht worden sei. Denn da „durch die lex Julia de cessione bonorum auch der gewöhnliche Schuldner von der Personalhaft befreit" worden sei,[58] habe es keinen Sinn mehr gehabt, etwas als Rechtswohlthat gewisser Personen anzuerkennen, was ohnehin Jedem zustehe. Das alte beneficium sei also ein leerer Name geworden, und, um diesem wieder einen Inhalt zu geben, habe man jenen privilegierten Personen die Rückbehaltung des zum Lebensunterhalte Erforderlichen zugebilligt. Und so sei aus dem früheren Privileg, welches besonders die Abwendung der Personalhaft bezweckte, eine Rechtswohlthat geworden, deren Inhalt darin bestände, daß gewisse Schuldner verlangen könnten, nur auf Dasjenige verurteilt zu werden, was sie über das zum Lebensunterhalte Notwendige hinaus in ihrem Vermögen hatten; der wesentliche Inhalt habe also von jetzt an in einer Beschränkung der Realexekution beruht.

Die herrschende Meinung stützt ja ihre Behauptung der Umgestaltung des beneficium einerseits auf jene Einwirkung der lex Julia, andererseits auf einige Quellenstellen, welche von einer Rückbehaltung reden. Wir wollen von diesem zweiten Punkte hier vorläufig absehen und vorerst der Frage näher treten, ob wirklich

---

[57] § 40. Inst. de act. 4, 6; l. 4 D. 42, 3.

[58] Siehe Altmann S. 7; Franke S. 412 und besonders S. 414; Hellfeld a. a. O. §§ 9—10.

der Satz der gemeinen Meinung richtig ist, daß durch die lex Julia das alte benef. cond. überflüssig geworden war. Die zu beantwortende Frage ist also vor allem folgende: Waren die Vorteile, welche die lex Julia den Schuldnern gewährte, wirklich derartige, daß das benef. cond. als Sonderrecht verschwand?

Betrachten wir zuerst die Hauptwirkung jenes Gesetzes, nämlich die Befreiung von der Personalhaft. Hatten jetzt wirklich alle Schuldner, welche judicati oder confessi waren, ein Mittel, derselben zu entgehen? Keineswegs. Das Recht, von der cessio bonorum Gebrauch zu machen, war zwar jedem Schuldner eingeräumt, aber die wöhlthätigen Folgen, die das Gesetz hieran knüpfte, standen nur gewissen Schuldnern zu, nämlich den unverschuldet im Vermögensverfall Geratenen.[59] Daß der Schuldner der Wohlthaten nicht teilhaftig wurde, wenn er doloser Weise den Vermögensverfall herbeigeführt hatte, folgt allerdings aus der Natur jeder Rechtswohlthat und gilt auch beim benef. comp.;[60] während aber bei letzterem der Beweis dem Gläubiger zur Last fällt, lag bei der cessio bonorum dem Schuldner, welcher die Vorteile genießen wollte, der Nachweis ob, daß er unverschuldet in Vermögensverfall geraten sei. Wenn auch wohl ursprünglich dieser Nachweis nur allgemeiner Natur zu sein brauchte und nicht auf ganz besondere Unglücksfälle beschränkt war, so ergiebt sich das Gegenteil für das spätere Recht aus einer Konstitution von Gratian, Theodosius und Valentinian, nach welcher der Schuldner beweisen mußte, daß er durch ganz besondere Unglücksfälle, wie Raub, Brand und Schiffbruch, Vermögensverluste erlitten hatte.[61] Daß dieser Beweis nur sehr selten geführt werden konnte, ist klar, und so kam das beneficium cessionis bonorum nur sehr wenigen Schuldnern zu Gute, denn die Folge war einerseits, daß diejenigen, welchen ein solcher Entschuldigungsgrund nicht zur Seite stand, der Vorteile überhaupt nicht teilhaftig werden konnten und vor allem der Personalhaft ausgesetzt waren, andererseits hatten aber auch diejenigen, welchen derartige Unglücksfälle zugestoßen waren, oft wenig Neigung, zur cessio

[59] Vergl. Bayer § 17, N. 4; Dabelow S. 141; Windscheid, Pand. II., § 266, Note 4 und die dort Citierten.

[60] l. 18 § 1 D. sol. matrim. 24, 3; l. 63, § 7 D. pro socio 17, 2; l. 51 pr. D. de re jud. 42, 1.

[61] C. 1. Cod. Theod. 4, 20: „Ne quis omnino vel fisci debitor vel alienae rei in auro atque in argento diversisque mobilibus retentator ac debitor, bonorum faciens cessionem liberum a repetitione plenissima nomen effugiat, sed ad redhibitionem debitae quantitatis congrua atque dignissima suppliciorum acerbitate cogatur, nisi forte propriorum dilapidatione bonorum, aut latrociniis abrogata, aut fortasse naufragiis incendioque conflata, vel quolibet maioris impetus infortunio atque dispendio docuerit afflicta."

bonorum zu schreiten, denn, wenn ihnen der Beweis mißlang, erlangten sie die Vorteile nicht, wohl aber unterlagen sie den Nachteilen der cessio. Wir können zwar keine positiven Quellenstellen beibringen, daß auch schon zur Zeit der Einführung der cessio bonorum der Nachweis des unverschuldeten Vermögensverfalls dem Schuldner obgelegen habe, aber jene kaiserliche Konstitution scheint die Bestimmungen des älteren Rechts nur schärfer präcisiert zu haben; welchen Mißbräuchen mit der cessio bonorum wäre andernfalls Thür und Thor geöffnet gewesen! Unseres Erachtens ist also schon durch die lex Julia dem Schuldner ein, wenn auch allgemeiner Nachweis der Unverschuldetheit auferlegt worden, falls er die Vorteile erlangen wollte. Da beim benef. comp. der Beweis des dolus dem Gläubiger oblag, so ergiebt sich, daß letzteres in diesem Punkte doch wesentlich vorteilhafter für den Schuldner war, als die bonorum cessio. Wenn aber Jemand a. M. sein und annehmen sollte, daß erst durch jene kaiserliche Konstitution der Beweis dem Schuldner auferlegt worden sei und daher im älteren Recht die lex Julia den Schuldner in diesem Punkte ebenso günstig stellte, wie das benef. cond. den privilegierten Schuldner, so möchten wir noch auf einen anderen Vorteil hinweisen, welchen im älteren Recht das letztere gewährte. Wir meinen die Befreiung von der Restschuld, welche ja ursprünglich das benef. cond. indirekt nach sich zog, während bei der cessio bonorum das Nachforderungsrecht an sich bestehen blieb und nur rücksichtlich der prozessualen Geltendmachung durch die exceptio nisi bonis cesserit an gewisse Voraussetzungen geknüpft war. Erst als die cautio allgemein zugelassen wurde, standen sich die cessio bonorum und das benef. cond. in dieser Beziehung gleich, denn die Beschränkung, welche mit der exceptio nisi bonis cesserit geltend gemacht wurde, war auch in dem Kautionsversprechen enthalten: in beiden Fällen konnte die Nachklage nur angestellt werden, wenn der Schuldner zu Vermögensverhältnissen gelangt war, welche das zum Lebenßunterhalte Erforderliche überschritten.

Um nun obige Frage, ob die cessio bonorum nur gewisse Schuldner von der Personalhaft befreite, bis in das justinianische Recht zu verfolgen, so ist jene Bestimmung des Codex Theodosianus allerdings nicht im Codex Justinianeus repetitae praelectionis enthalten, aber ein Grund für die Annahme, daß sie aufgehoben war, liegt nicht vor.[62] Daß sie noch im justinianischen Recht galt, dafür ist ein indirekter Beweisgrund in der Novelle 135 enthalten. Wenn dieselbe auch nicht glossiert ist, so ist sie doch von großer

[62] Ebenso auch Windscheid, Pand. II. § 266. N. 4.

rechtsgeschichtlicher Bedeutung und wirft ein helles Licht auf die cessio bonorum, welche als keineswegs besonders vorteilhaft und von den Schuldnern begehrt erscheint.[63] Justinian hat höchstens in verschiedenen Beziehungen die alten Bestimmungen etwas gemildert;[64] er hat vielleicht auch den Beweis bestimmter, ganz besonderer Unglücksfälle nicht mehr für erforderlich erachtet und deshalb jenes Gesetz nicht mehr in seinen Codex repet. prael. aufgenommen; damit ist aber nicht erwiesen, daß er den Schuldner überhaupt von dem Nachweis der Schuldlosigkeit habe befreien wollen. Wäre dies der Fall, so würde er das bisherige Recht in diesem wichtigen Punkte durch eine positive Gesetzesbestimmung abgeändert haben.

Es ergiebt sich demnach, daß durch die lex Julia nicht jeder gewöhnliche Schuldner von der Personalhaft befreit wurde, sondern nur derjenige, welcher den Beweis der Unverschuldetheit lieferte.

Aber noch in einem andern Punkte erscheint die cessio bonorum gegenüber unserm benef. als nachteiliger. Wir sahen zwar, daß durch die Abtretung des Vermögens die Infamie vermieden wurde, welche sonst eine Folge der venditio bonorum war, aber dies bezieht sich nur auf die technische infamia, die infamia juris, wie die Neueren sie nennen, oder die „Ehrenminderung kraft Rechtssatzes", wie Windscheid[65] sie bezeichnet. Diese Art der Ehrenminderung war zwar die bedeutendere, indem sie ursprünglich nicht nur öffentlichrechtliche, sondern auch privatrechtliche Nachteile nach sich zog, aber auch die andere Art, die ignominia (infamia facti der Neueren, „Ehrenminderung kraft der öffentlichen Meinung", wie Windscheid sie nennt), brachte Schimpf und Schande mit sich, wenn auch die privatrechtlichen Nachteile nur geringe waren. Und eine solche infamia facti haftete auch demjenigen an, welcher zur Güterabtretung geschritten war. Die Thatsache, daß man seinen Verpflichtungen, die durch Geständnis oder Urteil feststanden, nicht nachgekommen war, war durch die cessio offenkundig geworden und minderte das Ansehen und besonders die Kreditfähigkeit in der öffentlichen Meinung. Während derjenige, welcher vom benef. cond. Gebrauch machte, zur Zeit nach dem richterlichen Urteil gar nicht mehr, als sein Vermögen betrug, schuldig war und er diesem Urteil völlig genügte, war es bei demjenigen, welcher sein Vermögen cedierte, offensichtiich, daß er die durch Urteil oder Geständnis konstatierten Schulden nicht begleichen konnte. Dies mußte ihn in den Augen der Öffentlichkeit herabsetzen und bewirken, daß man

[63] Vergl. darüber Dabelow S. 143.
[64] Siehe Rohland S. 15.
[65] Pandekten I. § 56 sub. 2.

eiuem solchen Menschen nicht mehr recht traute. Daß nun die cessio bonorum nach römischem Rechte eine derartige infamia facti zur Folge hatte, wird durch mancherlei Umstände bewiesen. Nach der tabula Heracleensis (c. 8) waren diejenigen Schuldner, welche ihre Zahlungsunfähigkeit beschworen oder mit ihren Gläubigern akkordiert hatten, unfähig zur Bekleidung städtischer Amter.[66] Noch deutlicher ergiebt sich unsere Behauptnng aus der Novelle 135, wo mit Hinweis auf denjenigen, welcher bonis cedierte, von „ignominiosa vita" und „opprobrium ignominiae" gesprochen wird. So haben denn auch die Glossatoren von jeher die cessio als etwas sehr schimpfliches aufgefaßt, und wir finden bei Baldus (zu l. 11 Cod. 2, 12, S. 127) die Worte: „licet, qui cedunt bonis, certis locis ad columnam ligentur".[67] Nach Bayer[68] wird im großen Saale zu Padua noch ein alter Stein gezeigt, auf welchem die Worte stehen: „lapis vituperii et cessionis bonorum". Aus allem geht hervor, daß demjenigen, welcher bonis cedierte, ein öffentlicher Schimpf anhaftete,[69] wenn er auch die schweren Folgen der infamia juris vermieden hatte.

Die cessio bonorum erschien den Römern deshalb auch gar nicht als eine eigentliche Wohlthat. In einer Verordnung von Diocletiam und Maximian (l. 5 Cod. qui bon. ced. poss. 7, 71) wird sie „invidiosa" genannt, Justinian spricht (in l. 7 und 8 Cod. eod.) von „cessionis flebile adjutorium" und „miserabile auxilium", endlich geht auch aus den Novellen 4 cap. III und 135 klar hervor, daß die Güterabtretung in Wahrheit höchst nachteilig für den Schuldner war. So schien demselben das ordentliche Verfahreu beinahe Vorzüge zu haben,[70] die cessio wurde verhaßt und selten angewandt. Der Einwand der herrschenden Meinung, daß durch die lex Julia die Vorteile, welche das alte benef. cond. festsetzte, allen Schuldnern gewährt worden seien und demgemäß der ursprüngliche Inhalt desselben überflüssig geworden sei,[71] ist hiermit hinfällig. Beide Rechtsinstitute bestanden neben einander fort, auch nach Erlaß jenes Gesetzes war das benef. cond. in Wahrheit eine Rechtswohlthat gewisser Personen. Nach der herrschenden Meinung hätte dasselbe in seiner ursprünglichen Bedeutung während der Zeit zwischen der lex Julia und dem Juristen

---

[66] Bayer, a. a. O. § 12, N. 4. vergl. ferner Cicero, pro Quinctil., N. 49 (oben Seite 36 Note 46).

[67] Vergl. für die spätere Zeit Zasius, lib. III. pag. 258 sqq.

[68] a. a. O. § 17, N. 6.

[69] Vergl. auch Rohland S. 37.

[70] Dabelow S. 142.

[71] Franke S. 412 und 414; Altmann S. 7.

Pomponius, der zuerst, wir spöter sehen werden, die mildere Meinung vertritt, daß wenigstens dem Schenker das Notwendigste zu lassen sei,[72] gar keinen Sinn gehabt, es wäre ein antiquiertes Rechtsinstitut gewesen, und selbst nach Einführung jener Milderung für den Schenker würde es in den übrigen Fällen bis zur allgemeinen Ausdehnung derselben völlig überflüssig gewesen sein. Davon wird aber nichts in den Quellen berichtet, vielmehr ergiebt sich die fortdauernde Geltung in allen Fällen. Daß Paulus, der sich später der Ansicht des Pomponius rücksichtlich des Abzuges für den Schenker anschloß,[73] die übrigen Fälle noch für geltendes Recht ansah, zeigen deutlich die Worte: „et quidem is solus deducto aere alieno.“ Wozu hätte sonst auch Ulpian, ein Zeitgenosse des Paulus, die andern Fälle, in denen jene Milderung noch nicht galt, überhaupt aufgezählt?[74]

Wir glauben, hiermit genugsam erwiesen zu haben, daß auch nach Erlaß der lex Julia das benef. cond. in seiner bisherigen Bedeutung fortgedauert hat, uud daß zur Annahme der herrschenden Meinung, man habe den alten, eben wegen jener lex überflüssig gewordenen Charakter desselben geändert, kein Grund vorhanden ist. Das benef. bestand nach wie vor in dem Recht, auf nicht mehr, als auf den Betrag des Vermögens condemniert zu werden, und die Hauptvorteile, die sich hieran knüpften, waren auch jetzt noch Vermeidung der Personalhaft und Infamie. Zugegeben kann nur werden, daß die Bedeutung in etwas durch die lex Julia abgeschwächt worden war, indem durch diese die Wohlthaten des benef. cond. in gewissem Umfange wenigstens jedem unverschuldet in Vermögensverfall geratenen Schuldner gewährt wurden.

§ 16. Die herrschende Meinung hat sich zum Beweise für die behauptete Veränderung des Inhaltes des benef. ferner auf einige Quellenstellen berufen, die vom Abzuge des Notbedarfs sprechen sollen. Und zwar sind dies l. 19 § 1 und l. 30 D. de re jud. 42, 1, sowie die l. 173 pr. D. de div. reg. jur. 50, 17. Wir wollen hier, wo wir unser Rechtsinstitut in seiner geschichtlichen Entwicklung verfolgen, vorläufig nur die beiden ersten Stellen betrachten und die letzte ausscheiden, da dieselbe ihre Entstehung erst dem justinianischen Recht verdankt. Der Satz der l. 173 ist nämlich durch Interpolation bei Abfassung der Digesten aus der l. 19 entnommen, beide Stellen sind aus dem VI. Buche des Paulus ad Plautium; während aber in der l. 19 der Jurist die Zubilligung der Rückbehaltung nur für den Schenker ausspricht, ist dieselbe in

[72] cf. l. 30. D. de re jud. 42, 1.
[73] cf. l. 19 § 1 D. eod.
[74] l. 16—18 D. eod.

l. 173 allgemein für die condemnatio i. i. q. f. p. festgesetzt. Daß die Kompilatoren letztere Stelle einfach aus ersterer entnommen haben, ergiebt sich aus den Worten der l. 173: „et ipsarum", denn dieselben haben hier keinen Sinn, während die analogen Worte der l. 19: „et ipsi" im Zusammenhange mit dem vorhergehenden ausdrücken wollen, daß beim Schenker nicht nur durch ausnahmsweise Zubilligung des Abzuges anderer Schulden auf die übrigen Gläubiger Rücksicht genommen wird, sondern auch auf ihn selbst („et ipsi"), indem ihm einiges Notwendige gelassen wird.[75] Diese l. 173 möge deshalb erst bei der Behandlung des justinianischen Rechts in Berücksichtigung gezogen werden, hier wollen wir jene beiden Stellen des 42. Buches in den Kreis unserer Betrachtung ziehen und untersuchen, worin die Änderung, welche sie statuieren, beruht und wie weit sich dieselbe erstreckt. Beide Stellen billigen eine Rückbehaltung nur dem Schenker zu. Die l. 19 rührt, wie erwähnt, von Paulus, die l. 30 von Pomponius her. Da letzterer vor Paulus lebte, so ist sein Zeugnis das erste, in welchem uns von jener Milderung berichtet wird, indem er vom Schenker sagt: „actio in id, quod facere possit, danda est, ita ut et ipsi donatori aliquid sufficiens relinquatur". Sextus Pomponius war ja ein Zeitgenosse des Juristen Salvius Julianus und lebte unter den Kaisern Hadrian und Antoninus Pius, also in in der Zeit von 117—161 p. Chr. Da nun das benef. cond. i. i. q. f. p. überhaupt erst durch letzteren Kaiser dem Schenker zugebilligt worden ist,[76] so könnte man, znmal Pomponius in l. 30 die erwähnte Milderung nicht etwa als seine lediglich persönliche Milderung hinstellt, der Ansicht sein, daß dieselbe durch das Reskript jenes Kaisers direkt dem Schenker eingeräumt worden sei und daß demnach hierin der Ursprung jener Erweiterung gelegen habe. Doch wird dies durch die l. 19 § 1 widerlegt, wo Paulus dieselbe mildere Behandlung des Schenkers durch das Wort „puto" als seine persönliche Ansicht hinstellt, was er doch nicht hätte thun können, wenn es sich um eine vor ihm erlassene positive Gesetzesvorschrift handelte. Wir können deshalb annehmen, daß die Zubilligung des „aliquid sufficiens" lediglich der persönlichen Ansicht des Pomponius entsprach. Vielleicht ist dies eine Meinung der Sabinianer gewesen, deren einer der letzten eben Pomponius war. Wie in vielen anderen Punkten, so ist denn auch wohl in diesem Punkte die Ansicht jener Rechtsschule von den Späteren gebilligt, und in l. 19 cit.

---

[75] Vergl. auch Brinz, Pand., Bd. II., 1. Abth. 2. Aufl., § 286, N. 17; Dernburg, Pand., Bd. II., § 57, N. 3; Altmann S. 8, N. 39.

[76] Dies wird uns in l. 33 D. de jure dotium 23, 3 und l. 12 D. de don. 39, 5 berichtet.

hat sich derselben auch Paulus angeschlossen, indem er sagt: „immo nec totum, quod habet, extorquendum ei puto, sed et ipsi ratio habenda est, ne egeat". Daß zu seiner Zeit jene Milderung noch nicht allgemein anerkannt war, ergiebt sich eben aus dem Zusatze „puto".

Aus jenen beiden Quellenstellen erkennen wir also, daß die Milderung sich nur auf den Schenker bezog und daß dies eine neuere Meinung der Juristen war. Sowohl den ersten[77] wie den zweiten Punkt erkennen auch Franke[78] und Altmann[79] an. Wie reimt sich dies aber zu ihrer Behauptung, daß das alte beneficium durch die lex Julia überflüssig geworden sei und deshalb als Inhalt jene neue Erweiterung erhalten habe? Was hat denn in den 150—200 Jahren zwischen den Erlaß jenes Gesetzes und der Zeit des Pomponius das benef. für eine Bedeutung gehabt? Denn, daß die Milderung erst aus den Zeiten des Pomponius und Paulus stammt, geben Jene ja zu! Wäre vor der Zeit des Pomponius jene Rückbehaltung von Vermögensgegenständen das charakteristische des benef. gewesen, dann hätte derselbe doch in l. 30 cit. etwas recht überflüssiges gesagt. Und nun gar der noch später lebende Paulus, welcher in l. 19 cit. noch ein „puto" hinzufügt! Aus unbefangener Betrachtung der Quellen ergiebt sich klar, daß von einer Erweiterung der Rechtswohlthat überhaupt erst seit den Zeiteu jener Juristen und nicht schon seit der auf die Einführung der cessio bonorum folgenden Zeit die Rede sein kann. Bis dahin hatte dieselbe jedenfalls in ihrer alten Bedeutung trotz der lex Julia fortgedauert.

Eine andere Frage ist es, ob nun durch die von jenen Juristen erwähnte Milderung der Charakter des beneficium sich geändert habe. Und auch diese Frage müssen wir verneinen. Sowohl Pomponius wie Paulus erwähnen dieselbe nur als eine ganz besondere, über das benef. comp. der übrigen hinausgehende Begünstigung des Schenkers, kraft welcher derselbe „aliquid sufficiens" behalten dürfe, damit er nicht gerade Mangel leide („ne egeat"). Daß diese Zubilligung nicht sehr weit ging und nicht von solcher Bedeutung war, daß sie den Charakter des benef. verändern konnte, ist klar, zumal auch weder Ulpian, ein Zeitgenosse des Paulus, noch Hermogenian, welcher viel später lebte, es bei der Behandlung des benef. comp. des Schenkers[80] für nötig erachteten, jene Milderung überhaupt zu erwähnen. Trotz derselben

[77] Franke S. 394; Altmann S. 7.
[78] a. a. O. S. 394.
[79] a. a. O. S. 7 und 8.
[80] In l. 12 und l. 33 D. de don 39, 5.

behielt also auch das benef. comp. des Schenkers die alte Bedeutung, die in der Beschränkung der Verurteilung auf den Betrag des Vermögens beruhte. Ob sich dies im justinianischen Recht, wo die Milderung allgemein stattfand, geändert hat, werden wir später sehen. Hier wollen wir nur noch der Frage näher treten, was die Juristen wohl veranlaßte, gerade dem-Schenker zuerst von allen jenen Privilegierten die Rückbehaltung von Vermögensgegenständen zuzubilligen. Daß die Gründe der Neuerung nicht etwa darin lagen, daß der frühere Inhalt des benef. durch die lex Julia überflüssig geworden wäre, haben wir schon nachgewiesen; wäre dies der Fall gewesen, so würde man wohl die Milderung sofort für alle Fälle des benef. zugelassen haben. Die Gründe lagen vielmehr in der Besonderheit des aus dem Schenkungsversprechen zwischen den beteiligten Personen entstandenen Verhältnisses. Einerseits erschien es wohl in diesem Falle als ganz besonders hart und contra bonos mores verstoßend, wenn der Beschenkte den Schenker auf Grund seiner Liberalität seines ganzen Vermögens beraubte und bis auf das Hemd auspfänden ließ, und es machte sich auch wohl der Gesichtspunkt der Undankbarkeit geltend; so wie man im späteren Recht dem Schenker auf Grund besonders lieblosen Vorgehens des Beschenkten einen Widerruf wegen Undankbarkeit gestattete, so erschien es nicht minder undankbar, wenn der Beschenkte bei Eintreibung seiner Forderung dem Schenker sogar das allernotwendigste abpfänden ließ. Zudem waren die Schenkungen im römischen Recht überhaupt nicht begünstigt.[81] Die lex Cincia, welche Schenkungen über ein bestimmtes Maß hinaus nur dann als nicht anfechtbar ansah, wenn Eigentumsübertragung stattgefunden hatte oder das Schenkungsversprechen zwischen nahen Verwandten geschehen war, galt ja, wenigstens formell, noch bis in die 4. Periode hinein, welche mit Konstantin beginnt, war also noch in voller Kraft zur Zeit des Antoninus Pius, welcher das benef. comp. dem Schenker gewährte, und des Pomponius, welcher ihm die Milderung zubilligte. Da zu dieser Zeit der Hauptfall, in welchem das benef. cond. des Schenkers in Betracht kommen konnte, die Schenkung zwischen nahen Verwandten war, so machte sich neben jenen obigen, aus der Natur der Schenkungen selbst entspringenden Gründen noch der Gesichtspunkt besonderer Lieblosigkeit desjenigen geltend, welcher einen nahen Familienangehörigen seines ganzen Vermögens beraubte. Hierauf beziehen sich u. E. auch die Schlußworte jener Stelle des Pomponius (l. 30 D. 42, 1): „quod maxime inter parentes et liberos

---

[81] Vergl. Dabelow S. 171, welcher von dem „Hasse“ spricht, den die römischen Gesetzgeber überall gegen die Schenkungen hegten.

observandum est".[82] Sodann wurde auch wohl der eigentliche Wille des Schenkers in Betracht gezogen, und man sagte sich, daß derselbe doch unmöglich dahin gehen könne, sein ganzes Vermögen, selbst mit Einbeziehung der zum Leben notwendigsten Gegenstände, hinzugeben. Endlich erschien auch den Römern die aus dem Schenkungsversprechen entspringende Verpflichtung gar nicht als eine Schuld im strengsten Sinne.[83] Und so wurde der donator, welcher vom benef. cond. Gebrauch machte, nicht nur rücksichtlich des Abzuges der übrigen Schulden besonders privilegiert, sondern man billigte ihm auch als erstem die Rückbehaltung des Notwendigsten zu.

§ 17. So war denn trotz dieser geringfügigen und nebensächlichen Neuerung die eigentliche Bedeutung des benef. c. i. q. f. p. dieselbe geblieben. Wir wenden uns nunmehr dem justinianischen Recht zu, um den Entwicklungsgang unseres Rechtsinstitutes bis zum Abschluß im römischen Recht zu verfolgen. Es wird sich bei der Betrachtung desselben vor allem um die Beantwortung dreier Fragen handeln: 1. Welche Bedeutung wird überall im corpus juris dem benef. cond. i. q. f. p. beigelegt? 2. Gilt im justinianischen Recht jene zuerst für den Schenker eingeführte Neuerung in allen Fällen? 3. Im Falle der Bejahung der letzten Frage ergiebt sich die weitere Frage, ob hierdurch der eigentliche Inhalt des benef. ein anderer geworden ist?

Die Quellen, wie wir sie in der justinianischen Rechtsammlung vor uns haben, sprechen nirgends von einem beneficium competentiae, sondern überall von einer condemnatio in id quod debitor facere potest oder in quantum facere potest und dergleichen. Es handelt sich also um die Wohlthat, kraft deren der Schuldner auf dasjenige verurteilt wird, was er leisten kann. Dies ergiebt sich aus der natürlichen Bedeutung des Ausdrucks „facere posse", in welcher derselbe uns überall entgegentritt. So wird er von bestimmten Sachen gebraucht (in l. 28 D. sol. matrim. 24, 3, wo es heißt: „facere posse maritus etiam id videtur, quod a muliere consequi potest"), so wird er auch von Personen gebraucht, denen das beneficium nicht zusteht, wie in l. 82 D ad leg. Falcid 35, 2, so wird er in l. 35 pr. D. de. neg. gest. 3, 5 nicht weniger, als vier Male, teils im Hinblick auf unser benef., teils allgemein angewandt, indem es dort zuerst heißt: „si in negotiis gestis maritus, dum gerit, facere potuit", sodann von der querela gesprochen wird,

[82] A. M. ist Schömann, S. 66, welcher meint, Pomponius habe dadurch neben dem Schenker auch den Eltern überhaupt die Milderung zubilligen wollen.

[83] Vergl. l. 49 i. f. D. de re jud. 42, 1.

welche nur auf „quantum facere potuit" gehe, und endlich die Worte zu finden sind: „sed etsi facere possit maritus, actio negotiorum gestorum inducitur, quia forte periculum est, ne facere desinat."

Was sollte es, wenn facere posse eine besondere Bedeutung hätte, wohl für einen Sinn haben, daß in l. 10 D. de re jud. 42, 1 vom gewesenen Haussohn, der sich doloser Weise für einen pater familias ausgegeben hat, gesagt ist, er sei auf das Ganze zu verurteilen, „quamvis facere non possit"? Hier können diese Worte doch nur in der natürlichen Bedeutung von „leisten können" (= praestare, solvere) gebraucht sein. So wird denn auch in einer ganz ähnlichen Stelle (l. 6 D. de S. C. Maced. 14, 5) ein sich fälschlich als Hausvater ausgebeuder filius familias für haftbar erklärt, „quamvis rem praestare non possit". Ebenso geht aus vielen Stellen hervor, daß facere = solvere, facere posse = solvendo esse ist, z. B. aus l. 82 D. ad leg. Falcid. 35, 2;[84] l. 18 § 1 D. sol. matrim. 24, 3; aus der oben angeführten l. 35 D. de neg. gest. 3, 5 sowie aus l. 24, § 1 D. de re jud. 42, 1, wo gesagt ist: „si maritus solvendo non fuerit, licet ipsi marito prosit, quod facere non possit, heredi ejus non prosit".

Es wäre ein leichtes, noch eine Menge ähnlicher Stellen anzuführen, doch wollen wir hier nur noch zwei erwähnen, nämlich die l. 36 D. sol. matrim. 24,3, welche lautet: „si maritus minus facere potest, et dos publicata sit, in id, quod facere potest, fisco maritus condemnandus est, ne in perniciem mariti mulier punita sit", und die l. 49 D. de pactis 2,14 wo die Frage aufgeworfen wird, ob ein Darlehnsvertrag mit der Bestimmung, „ut, quatenus facere possit debitor, eatenus agat", zulässig sei. Der Jurist fährt fort: „Et magis est hoc pactum valere; nec enim improbum, et si quis hactenus desideret conveniri, quatenus facultates". Wenn in der lex 49 die Kontrahenten einer Vertragsbestimmung eine besondere Bedeutung beilegen wollten, wäre die letztere sicherlich ausdrücklich erwähnt worden. Wir müssen vielmehr den Ausdruck so lange in seinem einfachen, klaren Wortsinne verstehen, als die Quellen nicht irgend einen Anhalt gewähren, der uns berechtigt, ihn über sich selbst hinaus auszudehnen oder einzuschränken. Ein Ausdruck, der „mehr oder minder strenge"[85] aufgefaßt werden kann, ist ein ungenauer Ausdruck oder, wie Thibaut[86] sagt, eine „Kunstbedeutung" die wir bei den klaren, scharfen und präzisen Begriffen des römischen Rechts nur bei Vorhandensein ganz bestimmter Gründe anzuerkennen haben.

---

[84] Holtius S. 93; Heimbach in Weiskes Rechtslexikon Bd. I. S. 877. N. 2.

[85] Vergl. Unterholzner, Lehre des röm. Rechts v. d. Schuldverh., Bd. I., § 181; er spricht von einem „erschwingen können".

[86] Civil Abh. XVI., S. 348; vergl. auch oben § 8.

Derartige Gründe liegen hier aber nicht vor. Andernfalls könnte man u. E. erwarten, daß Justinian im 50. Buche der Digesten sub titulo „de verborum significatione", wo er alle technischen Ausdrücke genauer definieren läßt, auch eine Erklärung des „facere posse" gegeben hätte. Hiernach suchen wir aber vergebens und finden nur in l. 218 eine aus Papinian entnommene Erklärung des „facere": „verbum facere omnem omnino faciendi causam complectitur, dandi, solvendi, numerandi, judicandi, ambulandi". Ein irgend welcher Beweis, daß facere posse eine besondere Bedeutung habe, läßt sich also nicht führen, und wir haben deshalb an der natürlichen Bedeutung festzuhalten.

Wenn der Schuldner nun verurteilt ist, dasjenige zu leisten, was er leisten kann, dann ist das gesamte Vermögen hinzugeben. Die Leistungsfähigkeit hat ihre Grenze am Rande des Vermögens. Während, wie wir oben (§ 12 i. A.) erwähnten, eine bestehende Verpflichtung durch die Zahlungsunfähigkeit des Schuldners an sich nicht berührt wird und die Verurteilung ohne Rücksicht auf dieselbe geschieht, ist hier durch das Gesetz zu Gunsten gewisser Personen eine Ausnahme gemacht, kraft welcher sich die Verurteilung nur so weit erstreckt, wie die Grenzen der Leistungsfähigkeit gehen. Hierin liegt eben das charakteristische unseres beneficium, während die eigentlichen praktischen Vorteile erst hieraus resultieren und sich, wie wir schon sahen, in negativer Weise zeigen, nämlich in der Vermeidung der schweren Folgen der Zahlungsunfähigkeit. Der Verurteilte muß also Alles leisten, was er leisten kann, also sein gesamtes Vermögen. Eine weitere Wohlthat liegt an sich nicht im benef. cond. i. q. f. p. Giebt der Schuldner nun nicht Alles, was er hat, sondern behält etwas, wie z. B. den Notbedarf, zurück, so genügt er dem Urteil nicht, denn dasselbe geht auf ein facere, quod potest facere, während man von ihm sagen muß: non facit, quod potest facere. Daß eine irgend welche Rückbehaltung von Vermögensgegenständen an sich keineswegs, auch im justinianischen Recht nicht, zum Begriff unserer Wohlthat gehört, geht überall aus den Quellen hervor. Aus Ulpian's libri ad edictum haben die Kompilatoren in l. 16—18 D. de re jud. 42,1 die meisten derjenigen Fälle zusammengestellt, in welchen eine Verurteilung in id, quod facere potest stattfindet; eine nähere Erklärung, was darunter zu verstehen sei, ist nicht gegeben, da sie dies eben für überflüssig alten, und nur heine einzige Frage scheint dort der Erörterung bedürftig, nämlich, ob ein Abzug der Schulden stattfinde.[87] Käme

[87] Die l. 16 cit. beginnt: „Sunt, qui in id, quod facere possunt, conveniuntur, id est non deducto aere alieno;" sodann folgt die Aufzählung der einzelnen Fälle.

außer dieser Frage, welche verneint wird, rücksichtlich des „facere posse" noch eine weitere Frage, z. B. bezüglich eines Abzuges für den Unterhalt des Schuldners, in Betracht, so würde dieselbe hier jedenfalls aufgeworfen worden sein.[88] Von einem Leistenkönnen mit oder ohne Abzug des Notbedarfs wird aber in den Quellen nirgends geredet, der Ausdruck facere posse wird vielmehr für so klar und die Bedeutung für so selbstverständlich gehalten, daß eine weitere Erklärung, als die Erörterung des Abzuges der Schulden, überflüssig erscheint.

§ 18. Diese unsere, auf die natürliche Bedeutung des facere posse gegründete Behauptung wird nun noch durch manche andere Gründe unterstützt. Vor Allem wird dies durch die ausdrückliche Zusammenstellung des facere posse mit den „facultates" bewiesen, wie wir sie in § 37 Inst. de act. 4,6 finden: „maritum condemnari debere, quatenus facere possit, id est, quatenus facultates ejus patiuntur". Das gleiche ergiebt sich aus l. 49 D. de pactis 2,14, sowie aus l. 21 und 30 D. de re jud. 42,1. Daß aber facultates gleich „Vermögen" zu verstehen ist und daß es keine weitere Bedeutung hat, wird wohl Niemand bezweifeln; die l. 5 § 13 D. de agn. et al. lib. 25,3, sowie l. 10 D. qui et quibus manum 40,9 zeigen dies aufs deutlichste.

Ein fernerer Beweisgrund liegt darin, daß in den Quellen die Verurteilung in solidum der cond. i. q. f. p. entgegengesetzt ist[89] und letztere mit der actio de peculio verglichen wird,[90] deren charakteristische Bedeutung doch darin beruht, daß die Verurteilung auf den Betrag des Pekuliarvermögens beschränkt ist, wobei von irgendwelchem Abzuge für den Unterhalt u. s. w. nicht die Rede ist. Was sollte jene Gegenüberstellung und dieser Vergleich, wenn das Wesen der Rechtswohlthat zu Justinians Zeit im Behalten des Notbedarfs beruhte? Der Schuldner, dem das benef. zustand, sollte eben der Verurteilung in solidum entgehen und den Folgen, die sich an die Nichterfüllung des judicatum für ihn geknüpft hätten; deshalb wurde die Verurteilung auf den Betrag des Vermögens beschränkt, so wie sie bei der actio de peculio auf ein bestimmtes Sondervermögen beschränkt war. Dort das gesamte Hab und Gut,

---

[88] Vergl. auch l. 54 D. sol. matrim. 24,3: „Maritus facere posse creditur nullodeducto aere alieno, item socius, item patronus parensve; at is, qui ex donatione convenietur, omni aere alieno deducto facere posse intelligitur." Auch hier erscheint lediglich die Frage nach Abzug der Schulden zur Erklärung des „facere posse" erforderlich.

[89] Z. B. in l. 23 D. de re jud. 42,1; §§ 36, 37, 40 Inst. de act. 4, 6; statt „in solidum" wird auch „in integrum" gesagt z. B. l. 25. D. 42,1.

[90] Bes. §§. 36 u. 37. Inst. de act. 4, 6.

hier ein ganzes Vermögen, welches eine selbständige Existenz hatte. Wenn man behaupten würde, daß dieser Vergleich mit der actio de peculio nur für das ältere römische Recht passe, nicht aber für die Zeit Justinians, und daß jene Stellen eben das ältere Recht wiedergeben, so ist dem gegenüber darauf hinzuweisen, daß gerade die Verfasser der Institutionen, welche doch ein kurzgefaßtes Lehrbuch des justinianischen Rechts, mit Ausscheidung des Veralteten, liefern wollten, jenen Vergleich ziehen.

Unsere Behauptung wird endlich durch die einzigen Quellenstellen bewiesen, welche an praktischen Beispielen eine nähere Erklärung über dasjenige enthalten, was der Schuldner hinzugeben habe.

In § 37 Instit. de act. 4,6, wo von dem mit der Dotalklage beklagten Ehemann gesagt ist, daß er nur soweit verurteilt werde, als sein facere posse, d. h. seine facultates gehen, ist zur näheren Erklärung hinzugefügt: „itaque si dotis quantitati concurrant facultates ejus, in solidum damnatur, si minus in tantum, quantum facere potest.“ Kommt sein Vermögen also gerade dem Betrage der dos gleich, zo muß er Alles hergeben, denn er wird auf die volle Schuldsumme in solidum kondemniert. Hierdurch wird doch so deutlich, wie nur möglich, die Richtigkeit unserer Ansicht bewiesen. Oder wollen die Verteidiger der herrschenden Meinung etwa annehmen, daß auch bei einer Verurteilung in solidum der Notbedarf abgezogen werden könne? Das dürfte doch wohl ausgeschlossen sein.

Eine andere Quellenstelle, welche eine nähere Erklärung giebt, ist die l. 43 D. sol. matrim. 24,3; auch sie spricht für unsere Ansicht. Daß der Text dieser vielbestrittenen Stelle, welchen die Florentina giebt,[91] falsch ist, hat man schon seit Alters her erkannt,[92] und sich vielfach bemüht, durch Emendation einen vernünftigen Sinn hineinzulegen. Glück,[93] der sich trotzdem der lectio Florentina angeschlossen hat, giebt derselben eine entschieden unrichtige, wir möchten sagen, unmögliche Erklärung; man sieht aber, wie er sich windet, um überhaupt eine zu seiner Ansicht vom Wesen des benef. comp. passende Bedeutung herauszubekommen. Vielen Beifall hat die zuerst von C. H. Fabrot vertretene, später

[91] Die Stelle lautet in derselben: „Si maritus in id, quod facere potest, condemnatus sit, et nomina sint ad dotis quantitatem, neque amplius, neque habebit mandare actiones.“

[92] Vergl. bei Glück, Pandekten, Bd. XXVII. S. 354 f.

[93] a. a. O. S. 358—359.

4*

von Bynkershök u. A. im wesentlichen[94] acceptierte und auch von den Gebrüdern Kriegel in ihr corpus juris aufgenommene Lesart gefunden, nach welcher die Worte lauten: „neque amplius necesse habetit mandare actiones“, jedoch können wir auch diese nicht als richtig anerkennen, da sie unter dem Banne der althergebrachten Alimententheorie entstanden ist und man zu deutlich das Bestreben merkt, derselben den widerspenstigen Text anzupassen.[95] Zu einem einfachen, klaren und vernünftigen Sinne führt u. E. allein die Haloander'sche Lesart, nach welcher das zweite „neque“, welches die Florentinische Handschrift hat, fortfallen muß. Daß diese Fortlassung nicht ohne Grund ist, beweist die Bemerkung des Charondas in seiner Ausgabe, daß jenes Wort in mehreren Handschriften allerdings fehlt. Danach lautet nun die Stelle folgendermaßen: „Si maritus in id, quod facere potest, condemnatus sit, et nomina sint ad dotis quantitatem neque amplius habebit, mandare actiones debet;“ der Sinn ist also dieser: wenn der Ehemann in q. f. p. verurteilt ist und Forderungen bis zum Betrage des dos, aber nichts weiter im Vermögen hat, dann muß er die Klagen (aus jenen Forderungen) abtreten. Dieses aus Scaevola entnommene Fragment beweist also auch das klarste, daß der Ehemann nichts behält, denn sein Vermögen besteht, wie ausdrücklich gesagt ist, lediglich aus jenen Forderungen, und diese muß er abtreten. —

Eine vorzügliche Beweisstelle glauben wir auch in l. 49 D. de re jud. 42,1 gefunden zu haben, wo Paulus dem enterbten oder sich der väterlichen Erbschaft enthaltenden bisherigen Haussohn das benef. cond. i. q. f. p. zuspricht. In Beantwortung der Frage, quemadmodum autem facere posse credatur, bespricht er einen etwaigen Abzug der Schulden, wie er dem Schenker gestattet ist. Der Jurist spricht dies dem gewesenen Haussohn mit der Motivierung ab, daß eben dem Schenker in reicherem Maße geholfen werde („pinguius enim donatori succurrere debemus“). Nun hat aber Paulus auch in l. 19 § 1 D. 42,1 die Frage nach dem Abzuge der Schulden des Schenkers bejaht und sodann als eine noch weiter („immo“) gehende Vergünstigung desselben das Behalten des Notwendigsten erwähnt. Da nun in l. 49 D. cit. derselbe Paulus dem Haussohn schon den Abzug der Schulden unter Hinweis auf den Gegensatz zum Schenker verweigert, ist da nicht anzunehmen, daß er die weitere Frage nach dem Notbedarf deshalb garnicht erwähnt, weil er es für selbstverständlich hält, daß ihm diese noch weitergehende Wohlthat erst recht nicht zukomme?

---

[94] Sie setzen zwar nicht, wie Fabrot, ein Komma zwischen amplius und necesse, doch kommt dies auf dasselbe Resultat hinaus.

[95] Vergl. auch Holtius S. 94, N. 1.

Unsere aufgestellte und aus dem justinianischen Rechtskodex selbst bewiesene Meinung wird nun noch durch das Zeugnis eines unter Justinian lebenden Juristen, des Theophilus, bestätigt, und wir glauben, daß dasselbe, was die Frage nach der eigentlichen Bedeutung des benef. im justinianischen Recht anbelangt, auf größeren Wert Anspruch machen kann, als die Ansichten der sämtlichen nachjustinianischen Rechtsgelehrten. Jene Beweisstelle findet sich in der Paraphrase des Theophilus zu § 37 Inst. 4,6, wo ja gesagt ist, daß der mit der Dotalklage belangte Ehemann nur in id, quod facere potest, verurteilt werde, d. h. bis zum Betrage seines Vermögens, so daß er auf die ganze Schuldsumme kondemniert werde, wenn sein Vermögen gerade gleich der dos ist. Theophilus fügt nun dieser, doch eigentlich schon völlig klaren Darlegung folgende noch nähere Erklärung hinzu: „*Εἰ δὲ ἑκατὸν νομισμάτων οὔσης τῆς προικὸς, οὐσία εἰς πεντήκοντα συντείνει, εἰς πεντήκοντα κατα δικασθήσομαι, διὰ τὸ εἰς τοσοῦτον εὐπορεῖν.*“[96] Damit ist jeder Zweifel über die Ansicht des Theophilus bezüglich unserer Rechtswohlthat ausgeschlossen; ein irgend welches Behalten von Vermögen gehört nach ihm jedenfalls nicht zum eigentlichen Inhalt desselben. Die Anhänger der Alimententheorie befinden sich diesem Zeugnis gegenüber in einer mißlichen Lage, es bleibt ihnen eigentlich nur die Möglichkeit, die Darstellung des Thlophilus einfach für falsch zu erklären, und so sprechen denn auch Franke[97] und Altmann[98] derselben die Beweiskraft rücksichtlich des justinianischen Rechts ab, da jener Jurist vielfach die Schriften Älterer benutzt habe und daher oft veraltetes Recht darstelle! Die Annahme, daß er hier, wo er eine nähere Erklärung der justinianischen Institutionen giebt, absichtlich antiquiertes Recht darstellen konnte, ist aber u. E. unmöglich. Theophilus ist ja der Mitverfasser jener justinianischen Institutionen, und wahrscheinlich rühren von ihm die beiden letzten libri derselben her,[99] also auch das hier in Betracht kommende 4. Buch; am Schlusse des 6. Titels dieses Buches hat er das Wesen der justinianischen condemnatio i. q. d. f. p. behandelt und er will nun in der Paraphrase, welche sich als im Jahre 534, also einem Jahre nach Vollendung der Institutionen, gehaltene Vorlesungen charakterisieren, eine genauere Erklärung zu jener Gesetzesstelle geben. Daß er veraltetes Recht bei dieser Behandlung des justinianischen Rechtsinstitutes heranzieht, ohne zu erwähnen, daß es eben veraltetes Recht sei, ist unmöglich, er hätte es höchstens

[96] Vergl. v. Vangerow, Pand. Bd. I. § 174, Anm. 1, b; Heimbach S. 878; Holtius S. 92; Fritz Erläut., 3. Heft, S. 114.

[97] a. a. O. S. 393. f. [98] a. a. O. S. 2.

[99] Dernburg, Pand. Bd. I. § 8, N. 3.

zur Darstellung der historischen Entwickelung anführen können. Dies ist aber nach dem ganzen Wortlaut jener Stelle ausgeschlossen. Die Behauptung endlich, daß Theophilus eine unrichtige Auffassung von dem Wesen des benef. hatte und dasselbe unabsichtlich falsch erklärte, bedarf wohl keiner weiteren Widerlegung, als des Hinweises, daß er eben der Mitverfasser der Institutionen war, in welchen das geltende justinianische Recht dargestellt werden sollte. Das Zeugnis jenes Juristen bestätigt also unsere Ansicht in vollem Umfange, und es ist Niemanden gelungen, dasselbe zu beseitigen oder der Alimententheorie entsprechend auszulegen, wie es z. B. Unterholzner[100] versucht hat. Derselbe meinte, Theophilus wolle seine Erklärung nur auf Tagelöhner und andere Leute, die kein Betriebskapital brauchen, bezogen wissen; diese müßten allerdings ihr ganzes Vermögen hingeben, während diejenigen, welche ihr Gewerbe ohne Betriebskapital nicht ausüben könnten, das nötige behalten dürften! Man sieht aus dieser Auslegung, welche einen Unterschied in die Stelle hineinträgt, der nicht im mindesten darin angedeutet ist, wie weit es führt, wenn man dieselbe mit Gewalt für seine Meinung zurechtstutzen will. Theophilus bestätigt in einfacher und klarer Weise unsere Meinung, und wir können und müssen daher mit ihm annehmen, daß auch noch im justinianischen Recht das Wesen der Rechtswohlthat in der Beschränkung der Verurteilung auf den Betrag des Vermögens lag.

§ 19. Wir wollen uns nunmehr zu den einzelnen Fällen, in denen das benef. cond. Platz greift, wenden und untersuchen, ob die Quellen bei der Behandlung dieser einzelnen Fälle vielleicht vom Behalten des Notbedarfs sprechen.

Weder bei dem Privileg der enterbten oder abstinierenden oder eben erst emancipierten Hauskinder,[101] noch bei den Soldaten,[102] noch bei der Dotalklage,[103] noch bei dem Anspruch auf Leistung einer dos promissa,[104] noch bei dem benef. cond. der Ehegattten[105] oder der socii[106] ist in irgend welcher Andeutung von einer Rück-

---

[100] a. a. O. § 181, N. d.

[101] l. 37 § 2 D. de adm. et peric. tut. 26,7; l. 49 D. de re jud. 42,1: l. 2—7 D. quod cum eo qui 14,5.

[102] l. 6 pr., l. 18 D. de re jud. 42,1.

[103] § 37 Inst. de act. 4, 6; l. 35. pr. D. de neg. gest. 3, 5; l. 12—18, 28, 32, 36, 43, 54 D. sol, matrim. 24,3; l. 17, 20, 21, 23, 24. D. de re jud. 42,1; l. un. § 7. Cod. de rei uxor, act. 5, 13.

[104] l. 33 u. 84 D. de jure dotium 23,3; l. 17 pr., § 1 und 2 D. sol. matrim. 24,3; l. 21, 22, 41 pr. D. de re jud. 42,1.

[105] l. 20. D. de re jud. 42,1.

[106] § 38. Inst. de act. 4, 6; l. 63 pr. u. § 7 D. pro soc. 17,2; l. 16 u. 22 § 1 D. de re jud. 42,1.

behaltung des Notbedarfs die Rede. Was sodann den Fall der Aszendenten anbelangt, so hat zwar Schömann[107] mit Berufung auf die Schlußworte der l. 30 D. de re jud. 42,1: „quod maxime inter liberos et parentes observandum est" behauptet, daß hierdurch die Zubilligung des Notwendigsten, welche Pomponius in dieser Stelle für den Schenker ausspricht, als auch für das allgemein zwischen Eltern und Kindern stattfindende benef. geltend hingestellt wird; wir haben aber schon oben[108] gezeigt, daß jene Worte sich auf den besonderen Fall der Schenkung zwischen Eltern und Kindern beziehen als den Hauptfall der damals gültigen Schenkungen. Pomponius will durch jenen Zusatz diesen Hauptfall besonders hervorheben ebenso, wie z. B. Paulus in l. 19 pr. i. f. eod. tit. in ähnlicher Weise einen Hauptfall mit den Worten „maxime quod" anschließt.

Auch rücksichtlich desjenigen, welcher bonis cediert hat, will Schömann[109] eine besondere Zubilligung eines Abzuges des Notbedarfs aus den Quellen herleiten, da derselbe, wenn er nach Abtretung seines ganzen Vermögens zu besseren Verhältnissen gelangt sei und später auf den Rest belangt werde, das zum Lebensunterhalte Erforderliche auf Grund des ihm zustehenden benef. comp. zurückbehalten dürfe. Dieser Behauptung, welche er auf l. 6 und 7 D. de cess. bon. 42, 3 und § 40 Jnst. de act. 4, 6 stützt, sind viele Neuere insofern gefolgt, als auch sie diese Gesetzesstellen zum Beweise dafür anführen, daß beim benef. comp. der Notbedarf zu lassen sei.[110] Es beruht nun aber u. E. diese Ansicht auf einer Verwechslung der exceptio nisi bonis cesserit und des beneficium competentiae. Wie wir oben sahen,[111] soll eine Klage auf das Residuum gegen denjenigen, welcher bonis cediert hat, überhaupt nur gestattet werden, wenn seine Vermögensverhältnisse durch neuen Erwerb bessere geworden sind („idoneum emolumentum", „si quid postea pinguius accesserit"); wird aber wirklich die Nachklage zugelassen, so soll die Verurteilung nicht in solidum, sondern nur in quantum facere potest geschehen (§ 40 Jnst. 4, 6). Obige Stellen nun (besonders die citierte l. 6), welche Schömann und die ihm hierin Folgenden anführen, beziehen sich, wenn sie von einem „modicum aliquid", „alimenta quotidiana" ect. sprechen, nur auf die exceptio nisi bonis cesserit, welche eben so lange Platz greift, als die Vermögensverhältnisse nicht den Lebensbedarf überschreiten. Vom

---

107 a. a. O. S. 66 und 68.

108 Seite 47 zu Note 82.

109 S. 69 in der Note.

110 z. B. Unterholzner § 181 N. c.; Windscheid Bd. II. § 268, N. 1; Dernburg, Bd. II. § 57, N. 3; Altmann S. 8; vergl. auch Brinz § 286, N. 18.

111 Seite 37 bei Note 55.

benef. comp. sprechen jene Stellen aber nicht, wenigstens nicht die l. 6 und 7 D. cit.; was den § 40 Jnst. 4, 6 anbelangt, so beziehen sich jedenfalls die hier vor allem in Betracht kommenden Worte „idoneum emolumentum“ gleichfalls nicht auf das benef. comp. Von letzterem ist besonders in der l. 4 D. 42, 3 die Rede, nach welcher, wenn infolge der gebesserten Vermögensverhältnisse des Schuldners die exceptio nicht Platz greift und demdemäß einer neuen Klage Raum gewährt wird, der Schuldner immerhin nicht auf die volle Summe der Restforderung, sondern nur i. q. f. p. kondemniert werden soll. Daß bei dieser cond. i. q. f. p. etwas besonderes, also etwa Abzug des Notbedarfs, stattfindet, ist nirgends erwähnt, und so hat denn auch in diesem Falle das beneficium seinen gewöhnlichen Inhalt. Jene Verwechslung der exceptio n. b. c. und des demjenigen, welcher bonis cediert hat, zustehenden benef. comp. ist eine uralte, und wir finden sie in ihm ganzen Umfange noch bei Thibaut.[112] Während man aber im übrigen die Unrichtigkeit längst erkannt hat, hält man doch, wenn auch unbewußt, rücksichtlich des obigen Punktes noch daran fest, und dies läßt sich daraus erklären, daß das praktische Resultat darauf hinausläuft, daß allerdings demjenigen, welcher bonis cediert, gegenüber der Nachforderung der Notbedarf verbleibt, da ja die Klage anders gar nicht gestattet wird, als wenn seine Verhältnisse den Notbedarf überschreiten. Theoretisch ist aber streng zu unterscheiden, und dessen ist sich, soviel wir bemerkt haben, niemand in genügender Weise bewußt geworden. Es ist also daran festzuhalten, daß auch vom benef. comp. desjenigen, welcher von der cessio bonorum Gebrauch machte, nichts eigentümliches galt und daß vor allem für diesen Fall ein Abzug des Notbedarfs nicht besonders erwähnt ist.

Der einzige Fall nun, bei welchem im ganzen corpus juris eine Rückbehaltung konstatiert ist, ist der des Schenkers (vergl. l. 19 und 30 D. 42, 1) und wir haben oben[113] gesehen, daß dies eine von den Juristen Pomponius und Paulus vertretene, ganz besondere Privilegierung desselben war. Würde also weiter keine Beweisstelle für die Rückbehaltung aus den Quellen beigebracht werden können, so würden wir nicht umhin können, Schömann darin zuzustimmen, daß es sich nur um eine ausnahmsweise Begünstigung gewisser Personen handle.

Wir haben nun aber in l. 173 pr. D. de div. reg. jur. 50, 17[114]

---

[112] Vergl. Zimmern, Bd. III. § 78, N. 20.

[113] Vergl. § 16.

[114] Thibaut schreibt diese Stelle fälschlich dem Ulpianus statt dem Paulus zu, und er hat hierin merkwürdiger Weise in Heimbach (a. a. O. S. 872) einen Nachfolger gefunden.

eine Stelle vor uns, welche einen Abzug als allgemein beim benef. comp. stattfindend hinstellt; dieselbe lautet: „In condemnatione personarum, quae in id, quod facere possunt, damnantur, non totum, quod habent, extorquendum est, sed et ispsarum ratio habenda est, ne egeant". Müssen wir nun auf Grund dieser Stelle annehmen, daß die Rückbehaltung, welche nachgewiesenermaßen zur Zeit des Paulus noch alleim dem Schenker zugebilligt wurde, im justinianischen Recht auf alle Fälle ausgedehnt worden ist? Mit der Beantwortung dieser Frage haben wir uns näher zu beschäftigen. Falsch ist es, um dies noch zu erwähnen, wenn man (z. B. Franke, S. 394 und 396; Altmann S. 23) behauptet, Paulus habe in l. 173 cit. das Wesen des benef. allgemein als in dem Behalten des Notbedarfs bestehend hingestellt, denn, wie wir schon oben[115] sahen, ist die l. 173 durch Interpolation aus l. 19 D. 42, 1 entnommen. Paulus würde sich ja andernfalls direkt widersprechen, wenn er in l. 19 cit., welche aus demselben VI. Buche ad. Plautium stammt, wie die l. 173 cit., den Abzug als eine ganz besondere Vergünstigung des Schenkers hinstellt und in jener l. 173 von einem allgemein stattfindenden Abzuge spräche. Es steht also für uns fest, daß der Text der l. 173 von den Kompilatoren herrührt.

Wir haben uns nun schwerer Bedenken gegen die Beweiskraft der l. 173 nicht erwehren können, da sie allein der ganzen übrigen Rechtssammlung Justinians und dem aus derselben gewonnenen Resulate zu widersprechen scheint. Wenn wir uns fragen, ob die Festsetzung des Textes jener Stelle auf Absicht oder Flüchtigkeit der Kompilatoren beruhte, so spricht manches für die letztere Alternative und besonders der Umstand, den selbst die Verteidiger der herrschenden Theorie zugeben (z. B. Altmann, S. 8, N. 39; Brinz, Pand., II. Band, 1. Abtlg. § 286 N. 17), daß sie sich eben als eine „minder vorsichtige Überarbeitung" der l. 19 cit. charakterisiert. Haben da nicht vielleicht die Kompilatoren das, was in letzterer Stelle als eine besondere Vergünstigung beim benef. comp. des Schenkers hingestellt ist, versehentlich als allgemein gültig für alle Fälle ausgesprochen? Wenn wir auch die Erklärung, welche Schömann[116] gegeben hat und welcher sich Heimbach[117] anschließt, nämlich, daß das „et" der l. 173 im Sinne von „zuweilen" zu verstehen sei, nicht billigen können und mit Thibaut[118] für „gewaltsam" halten, so muß es uns doch auffallend erscheinen, daß die Kompilatoren, die sich doch bewußt waren, den betr. Satz aus der den

[115] § 16 i. A.

[116] a. a. O. S. 68.

[117] S. 878.

[118] S. 348.

Abzug nur für den Schenker aussprechenden, in l. 19 wiedergegebenen Entscheidung des Paulus zu entnehmen, demselben, wenn sie ihn als für alle Fälle geltend hinstellen wollten, nicht ein „semper“ oder „in omnibus casibus“ oder dergleichen verallgemeinernde Ausdrücke hinzugefügt haben. Es ist ferner bekannt, daß derartige allgemeine Stellen oft irre führen, und l. 202 D. de div. reg. jur. 50, 17 sagt selbst: „Omnis definitio in jure civili periculosa est“, ein Ausspruch, dessen Richtigkeit schon aus l. 2 eod. tit. hervorgeht, wo es heißt: „Feminae ab omnibus officiis civilibus vel publicis remotae sunt“, obgleich doch Frauen unter Umständen Vormünder sein können. Es giebt eine Menge Quellenstellen, welche sich, wie die l. 173, sub tibulo „de div. reg. jur.“ finden und zugleich unzweifelhaft als ein Auszug aus anderen Stellen des corpus juris charakterisieren (geminata capita). Die ursprünglichen Stellen haben aber meist besondere Voraussetzungen und handeln von speziellen Fällen; daß die allgemeinen Sätze, welche aus diesem Zusammenhange herausgerissen worden sind, mit großer Vorsicht aufzunehmen sind, ist klar.[119]

Wir können uns deshalb nicht verhehlen, daß gar viel gegen einen Beweis zu sagen ist, der sich auf eine so kurze und allgemeine Stelle stützt, welche sich ganz am Schlusse der Digesten findet und von dem übrigen Inhalt der justinianischen Rechtssammlung nicht nur nicht unterstützt wird, sondern von demselben abzuweichen scheint.

Und dennoch sind auch wir zu dem Resultate gelangt, die l. 173 für entscheidend zu halten und die Frage, ob dieselbe auf Flüchtigkeit oder Absichtlichkeit der Kompilatoren beruht, in letzterem Sinne zu beantworten. Daß der Text der l. 173 so lautet, wie wir ihn citiert haben, ist nicht zu bezweifeln, da alle Handschriften denselben in gleicher Weise haben. Der Satz besagt nun eine allgemeine Gewährung des Abzuges des Notwendigsten, und wir müssen, so lange nicht ganz gewichtige Gründe entgegenstehen und eine Vereinigung mit dem übrigen Inhalt des corpus juris unmöglich erscheint, der Versicherung Justinians glauben, daß sich Widersprüche in seiner Rechtssammlung nicht finden. Und eine Vereinigung ist im vorliegenden Falle sehr wohl möglich. Es ist nämlich anzunehmen, daß die liberalere Ansicht des Pomponius und Paulus allmählich auch in den anderen Fällen des benef. zur Herrschaft gelangt ist und daß Justinian dieselbe, wie so manche

[119] Man vergl. z. B. l. 195 D. 50, 17, welche aus dem besondern Falle der l. 52 D. de condic. 35, 1 entnommen ist; l. 119. D. 50, 17, welche aus l. 4 § 1 D. de alien. 4, 7 stammt; l. 183 D. 50, 17, die ihren Ursprung in l. 7. pr. D. de in integr. restit. 4, 1 hat.

anderen liberalen Meinungen acceptiert und in sein Gesetzbuch aufgenommen hat. Damit wurde es geltendes Recht. Die interpretatio duplex führt uns zu der Erkenntnis, daß die l. 173, wenn sie auch dem den Abzug lediglich dem Schenker zubilligenden Fragment des Paulus entnommen ist, doch im Sinne des justinianischen Rechts eine andere Bedeutung, als letzteres, hat und haben soll, nämlich die bewußte, gesetzliche Anerkennung jener Milderung in allen Fällen des beneficium.

Was sodann die Bemerkung anbelangt, es sei doch auffallend, daß die Jnstitutionen, die doch gerade das justinianische Recht wiedergeben, diese Neuerung mit keinem Worte erwähnen, so könnte man derselben die von Thibaut[120] bei Gelegenheit einer anderen Frage gebrauchten Worte entgegenstellen: „Den Institutionen fehlt überall die volle Bestimmtheit und Schärfe. Gewöhnlich geben sie nur den ersten, ursprünglichen, rohen Grundbegriff eines Institutes, lassen aber alles, was wir Ausnahme, Limitation und Ampliation nennen, in den Pandekten nachfolgen". Wenn sie daher auch jene Erweiterung gar nicht erwähnen, so können und müssen wir doch auf Grund der l. 173 D. cit. annehmen, daß die zuerst für den Schenker bewilligte Rückbehaltung im justinianischen Recht in allen Fällen gestattet wurde.

§ 20. Während nun die herrschende Meinung auf Grund dieser im justinianischen Recht allgemein zugelassenen Milderung behauptet, daß hierdurch der eigentliche Charakter des benef. ein anderer geworden sei und im Gegensatz zum früheren Recht, wo derselbe in einer Abwendung der Personalexekution beruhte, nunmehr in einer Beschränkung der Realexekution lag, müssen wir dieser Behauptung, wie es auch Holtius[121] gethan hat, entschieden entgegentreten, denn die eigentliche Bedeutung war trotz jener „Zuthat" dieselbe geblieben. Das Behalten des Notwendigsten ist nur sehr selten (an drei Stellen in den Digesten, nämlich l. 19 und 30 D. de re jud. 42, 1; l. 173 pr. D. de div. reg. jur. 50, 17) und nur nebenbei erwähnt, indem es dem übrigen und eigentlichen Inhalt des benef. angehängt ist (mit den Worten „immo", „ita ut"). Die neue Milderung erscheint daher lediglich als etwas nebensächliches, und die l. 173 „will", wie Holtius (S. 93) sagt „nur an eine dieser Rechtswohlthat beigefügte Begünstigung erinnern und keineswegs die Natur des beneficium selbst erklären," Ulpian und Hermogenian[122] halten dieselbe deshalb bei der Behandlung des benef. comp. des Schenkers

[120] a. a. O. S. 352.
[121] Vergl. bes. S. 91 u. 95.
[122] l. 12 u. 33 D. de donat. 39,5.

gar nicht der Erwähnung wert. Ebenso suchen wir vergeblich in den Institutionen nach einer, wenn auch nur kurzen Bemerkung hierüber, was doch notwendigerweise geschehen mußte, wenn z. Z. Justinians der eigentliche Charakter des benef. im Behalten des Notbedarfs beruht hätte. Aus denselben Gründen müssen wir aber auch annehmen, daß der Abzug überhaupt nur ein ganz geringfügiger war,[123] und dies wird auch durch die Ausdrucksweise der Quellen unterstützt, welche an denjenigen Stellen, wo sie überhaupt diese Erweiterung erwähnen, die Worte gebrauchen: „ita ut aliquid sufficiens relinquatur" und „ratio habenda est, ne egeant".[124] Man hielt es für unbillig, wenn gewisse, sich nahestehende Personen einander völlig ausklagten und auspfänden ließen, sodaß dem Beklagten kaum irgend etwas („vix quidquam", l. 30 D. 42, 1) verblieb, selbst nicht die notwendigsten Kleider und sonstiges für die nächste Zeit Nötige. Damit der Schulder vorläufig vor Hunger und Elend geschützt sei, ließ man ihm das Allernotwendigste, aber von einem Kapital oder Zinsengenuß oder Alimenten, um sich davon lebenslänglich zu ernähren und gar mit seiner ganzen Familie standesgemäß zu leben, davon ist in den Quellen des römischen Rechts keine Rede. Wäre das, was den Privilegierten verbleiben sollte, so weitgehend, so würde dies auf jeden Fall genauer ausgedrückt worden sein, z. B. „id quod ad vivendum necessarium est", oder es würde von „victus" (Lebensunterhalt) gesprochen sein, welches ein rechtlich bestimmter Begriff bei den Römern war und deshalb in l. 43—45 und l. 234 D. de verb. signif. 50, 16 einer näheren Erklärung unterzogen ist.

§ 21. Somit gelangen wir rücksichtlich der Entwicklung unseres Rechtsinstituts zu folgendem Endresultat im justinianischen Recht. Auch jetzt bestand die eigentliche Bedeutung noch in der Beschränkung der Verurteilung auf den Betrag des Vermögens. Die Behauptung der herrschenden Meinung, daß hierin nach Erlaß der lex Julia keine Wohlthat mehr lag, haben wir zurückgewiesen, und damit ist der eine für die vermeintliche Änderung des Inhaltes angeführte Grund hinfällig geworden. Ebensowenig kann uns der in zweiter Linie beigebrachte Grund, welcher sich auf die von einer Rückbehaltung redenden Quellenstellen stützt, zur herrschenden Ansicht bekehren. Wenn wir auch auf Grund der l. 173 D. 50, 17

---

[123] Schon Schömann hat hierauf aufmerksam gemacht, vergl. oben § 7; auch Holtius S. 95 hält es für wahrscheinlich, daß der Begriff des „Nötigen" nicht sehr weit gefaßt wurde.

[124] Daß die l. 6 und 7. D. de cess. bon. 42,3 nicht vom benef. comp. sprechen, wie z. B. auch Windscheid (II. §. 268 N. 1) meint, sondern von der exceptio nisi bonis cesserit, ist schon oben Seite 55 Note 110 bemerkt worden.

annehmen müssen, daß die zuerst von Pomponius und Paulus dem Schenker zugebilligte Milderung zur Zeit Justinians auf alle Fälle des benef. ausgedehnt worden ist, so können wir darin doch nur eine nebensächliche und geringfügige Zuthat sehen, welche keinesweges von solcher Wirkung war, daß sie den ursprünglichen Inhalt verdrängte oder in den Schatten stellte. Denn die Rechtswohlthat gewährte noch zu Justinians Zeiten Vorteile, wenn dieselben auch nicht allzugroße waren. Unseres Erachtens ist überhaupt von jeher die Bedeutung dieses benef. weit überschätzt worden, denn, wäre dasselbe wirklich eine so weitgehende Wohlthat, wie man allgemein annimmt, so würde es in den Quellen ausführlicher behandelt sein und sich auch nicht so zerstreut unter den verschiedensten Titeln finden, wie es der Fall ist. Es würde ihm vielmehr ein besonderer Titel eingeräumt worden sein, und der Ausdruck „beneficium" würde auch wohl des öfteren gebraucht sein, während er, so viel wir bemerkt haben, für unser Rechtsinstitut nur ein einziges Mal in der justinianischen Rechtssammlung vorkommt.[125] Dagegen sprechen die Quellen mehrmals[126] von einem honor, ein Umstand, welcher die Annahme unterstützt, daß die Vorteile weniger praktischer, als ideeller Natur waren, z. B., daß die Geltendmachung nicht so großes Aufsehen erregte, wie die cessio bonorum.[127] Ein weiterer Vorteil lag auch jetzt noch in der Vermeidung der Infamie, denn auch die distractio bonorum, welche im justinianischen Recht an die Stelle der bonorum venditio (mit Universalsuccession) getreten war, zog noch immer eine infamia juris nach sich.[128] Zwar konnte man derselben durch die cessio bonorum entgehen, aber einerseits standen die Wohlthaten, welche dieselbe im Gefolge haben konnte, nicht allen Schuldnern zu, und andererseits brachte auch sie immerhin eine infamia facti, eine Ehrenminderung kraft der öffentlichen Meinung, mit sich. Dagegen ist von irgend welcher Infamie bei dem benef. comp. nirgends die Rede.

Was sodann die Abwendung der Personalhaft anbelangt, so bestand auch dieser Vorteil noch. Wenn die letztere auch zu Justinians Zeiten seltener geworden war und die Gläubiger anstatt des Vorgehens auf Grund der actio judicati in der Regel den Vermögensverkauf, die distractio bonorum, wählten, so war jene doch nicht gänzlich außer Gebrauch gekommen. Zwar war die Personalhaft ausgeschlossen für Frauen und für Schuldner, welche

---

[125] l. 13 D. sol. matrim. 24,3: „quia tale beneficium personale est".
[126] Vergl. z. B. l. 15 §. 2 und l. 17 pr. D. sol. matrim. 24, 3.
[127] Vergl. auch Unterholzner, a. a. O. S. 381.
[128] Bayer § 15.

wegen öffentlicher Abgaben verklagt wurden, auch gab es keine vincula privata mehr, aber eine Schuldhaft in öffentlichen Gefängnissen kam zur Zeit Justinians noch vor.[129]

Wir sahen oben,[130] daß eine fernere, wenn auch indirekte Wirkung der Geltendmachung des benef. der an sich eintretende Wegfall der Restforderung war, welcher aber durch eine allmählig allgemein zugelassene cautio verhindert wurde. Im justinianischen Recht war nun ja das starre Prinzip der Klagenkonsumtion fortgefallen und deshalb die Nachforderung an sich zulässig. Letztere war eine voll zu Recht bestehende obligatio und nicht etwa eine bloße Naturalobligatiou, wie man behauptet hat.[131] Wenn deshalb auch das Kautionsversprechen eigentlich überflüssig geworden war, so erhielt es sich trotzdem in der Praxis und war sogar das regelmäßige, wie aus l. unica § 7 Cod. de rei uxor. act. 5,13 hervorgeht, wo Justinian die Worte gebraucht: „cautione videlicet ab eo exponenda".[132] Es lag ja auch im Interesse beider Parteien, daß hierdurch das noch zwischen ihnen bestehende Obligationsverhältnis genauer fixiert wurde.[133] In dem Kautionsversprechen verpflichtete sich nun der Schuldner, nachzuleisten, sobald er zu besseren Vermögensverhältnissen gelangt sei („si ad meliorem fortunam pervenerit"), d. h. zu solchen, welche das zu seinem Lebensunterhalte Erforderliche überschritten. Die hierin liegende Beschränkung der Nachforderung wurde nun auch da, wo keine besondere cautio geleistet wurde, als selbstverständlich angenommen und daher eine Nachklage allgemein nur unter jener Voraussetzung gestattet; vielleicht trugen hierzu auch die analogen Bestimmungen bei, welche rücksichtlich der Nachforderung gegen denjenigen, der bonis cediert hatte, gegeben waren (l. 6 und 7. D. de cess. bon. 42,3). Der Schuldner war also für die Zukunft so lange gegen die Klage auf das Residuum gesichert, als er nur den Lebensnotbedarf hatte.

Zu diesen Vorteilen des benef. comp. war dann noch im justinianischen Recht die Rückbehaltung des Allernotwendigsten bei der ersten Klage gekommen, d. h. einiger Vermögensgegenstände, welche erforderlich waren, um den Schuldner vor direktem Elend und Mangel zu bewahren.

Es erübrigt am Schlusse dieses Kapitals noch, auf die von

---

[129] Franke S. 407 u. 408; Dabelow S. 484 u. 485.

[130] § 13 a. E.

[131] z. B. Arndts, Pand. § 225; Schwanert, die Naturobligation, S. 438, N. 52; dagegen Windscheid, II. § 268, N. 11; Altmann S. 26 u. 27; Entscheid. d. Reichsoberhandelsgerichts, Bd. IX, Nr. 94.

[132] Vergl. auch Franke S. 426.

[133] Vergl. Altmann S. 26.

Vangerow u. A.[134] aufgestellte Behauptung, daß unsere Rechtswohlthat im justinianischen Recht aus zwei verschiedenen beneficia bestanden habe, einzugehen. Jene Zerteilung findet nun in den Quellen keinen Anhalt, sie ist lediglich eine theoretische Konstruktion jener Juristen, um die Thatsache, daß auch noch im justinianischen Recht die alte Bedeutung des beneficium nicht geschwunden war, mit der neueren Erweiterung in Einklang zu bringen. Dazu bedarf es aber keinesweges der Annahme zweier streng von einander getrennter Rechtswohlthaten, wie denn auch die Quellen diese Annahme durch Nichts unterstützen. So spricht die l. 19 § 1 D. de re jud. 42,1 nicht von zwei beneficia, sondern von dem einen beneficium, wie es in dem speziellen Falle beim Schenker gestattet ist, und beantwortet die Frage, welche Befugnisse dasselbe verleiht; sie billigt ihm ausnahmsweise den Abzug der anderen Schulden zu, ja sogar noch das Behalten des Notwendigsten. Dadurch, daß eine Rechtswohlthat bei einigen Personen ein wenig anders gestaltet ist, als bei anderen, entsteht noch keine Vielheit von beneficia, sondern die Rechtswohlthat verträgt Modifikationen, ohne ihr eigentliches Wesen einzubüßen. Die Vangerow'sche Theorie könnte ebenso gut auch noch ein drittes beneficium für den Schenker annehmen, von dem es heißt: „et quidem is solus deducto aere alieno". Die Behauptung Vangerow's, die spätere Erweiterung des beneficium, welche er als ein besonderes benef. cond. konstruiert, wäre erst gegenüber der actio judicati zur Geltung gekommen, wird durch die l. 30 D. de re jud. 42,1 ausdrücklich widerlegt, in welcher es heißt: „actio in id, quod facere possit, danda est, ita ut et ipsi donatori aliquid sufficiens relinquatur". Es gewährte also schon der Prätor die Klage nur mit der durch den Abzug des Notwendigsten gegebenen Beschränkung, und die Berücksichtigung des Abzuges geschah nicht erst bei der Exekution und auch nicht erst im judicatum, sondern zur Zeit des Formularverfahrens schon in der Formel selbst. Die condemnatio der formula mußte ja stets auf eine Geldsumme gerichtet sein, es konnte jedoch, im Gegensatz zur condemnatio des judex, eine incerta pecunia sein, diese condemnatio incertae pecuniae konnte nun wieder entweder eine condemnatio infinita sein, bei welcher dem Richter weitgehender Raum für Schätzung gelassen war, (z. B. „quidquid paret, Nm. Nm. Ao. Ao. dare facere oportere"), oder eine condemnatio definita (technisch cum taxatione genannt, Gajus IV § 51). Eine solche condemnatio cumtaxatione lag z. B. vor bei der actio de peculio und auch bei der actio in id, quod debitor facere potest; in beiden Fällen beschränkte die formula den Richter durch Hinweis auf den Bestand

[134] Vergl. oben § 9.

eines bestimmten Vermögens, des Pekuliarvermögens oder des gesamten Vermögens, und das richterliche Ermessen kam nur rücksichtlich der Schätzung dieses Vermögens in Betracht. Im früheren Recht wurde also die formula dahin gegeben, den Schuldner auf den Betrag seines ganzen Vermögens zu verurteilen; dieselbe hatte z. B. bei der actio pro socio ungefähr folgenden Wortlaut: Quod As. As. cum. No. No. societatem coiit, quidquid ob eam rem Ao. Ao. Nm. Nm. pro socio dare facere praestare oportet ex fide bona, duntaxat in id, quod facere potest, Ao. Ao. Nm. Nm. condemna: si non paret, absolve".[135] Als nun später eine billige Rücksicht auf das Notdürftigste genommen wurde, wies der praetor auch hierauf schon in der formula hin und überließ dadurch dem judex eine doppelte taxatio (incerta), nämlich die Schätzung des Vermögens und des zum Leben Notwendigsten. Dies Alles wird durch jene Worte der l. 30 D. de re jud. 42,1 bestätigt, wo es heißt: „actio in id, quod facere possit, danda est, ita ut et ipsi donatori aliquid sufficiens relinquatur". Die Vangerow'sche Theorie, daß der Abzug des Notbedarfs erst gegenüber der executio geltend zu machen sei, wird durch diese Stelle allein schon widerlegt. So, wie bei der Bewilligung der actio schon jene neue Milderung berücksichtigt wurde, so auch bei der condemnatio des judex. Dieser mußte ja auf eine certa pecunia verurteilen und deshalb im älteren Recht nach Schätzung des Vermögens auf diesen Schätzungswert erkennen; im späteren Recht entschied er, was dem Schuldner zu lassen sei, schätzte den Wert des übrigen Vermögens und verurteilte hierauf. Hiermit stimmt auch die l. 173 pr. D. 50,17 überein: „in condemnatione personarum, quae in id, quod facere possunt dammantur, non totum quod habent, extorquendum est, sed et ipsarum ratio habenda est, ne egeant". Wenn die Anhänger der Vangerow'schen Theorie in dieser Stelle den Nachdruck auf „extorquendum" legen, welches bedeute, daß der Abzug des Notdürftigsten erst bei der Exekution in Rücksicht gezogen werde, so ist dies nicht richtig, denn die Stelle will höchstens sagen, daß dem Schuldner jene Subsistenzmittel bei der Exekution gelassen werden sollen, und sie ist damit eine Vorschrift für den Richter, dies im Urteil („in condemnatione") auszusprechen; so umfaßt denn die Verurteilung garnicht dasjenige, was gelassen werden soll, schließt dasselbe vielmehr ausdrücklich aus.[136]

---

[135] Altmann S. 13; Zimmern S. 427.

[136] Vergl. auch Franke, a. a. O. S. 394—396; dazu Altmann S. 22—23, welcher die beiden von Franke angeführten Gründe fast wörtlich übernimmt und hinzufügt, nach Vangerow's Theorie müßte es in jener l. 173 heißen: „ex condemnatione"; dann würde der ganze Satz aber u. E. recht unlateinisch sein, die Römer würden vielmehr gesagt haben: „in executione".

IV. Kapitel.

Das gemeinrechtliche beneficium competentiae.

§ 22. Seit der Zeit der Glossatoren bis auf unsere Zeit hat eine gleichförmige, fast von keinem Widerspruch unterbrochene, in Theorie und Praxis gleichmäßig anerkannte Lehre unser beneficium als eine Rechtswohlthat aufgefaßt, kraft welcher der Schuldner verlangen kann, daß ihm bei der Verurteilung dasjenige gelassen werde, was zu seinem Lebensunterhalte erforderlich ist. Trotzdem diese Rückbehaltung aus den Quellen nicht hergeleitet werden kann, trug man dieselbe in die Definition des benef. comp. hinein; und so erklärt z. B. Hellfeld[1] dasselbe für ein „jus singulare, certis competens personis, vi cujus non in solidum, sed in id, quantum salvis alimentis facere possunt, excuti queunt", während die Quellen doch nur sagen: „in id, quantum facere possunt". In obiger Weise ist aber die Bedeutung des benef. von jeher aufgefaßt worden und auch in fast alle heutigen Lehrbücher des Pandektenrechts übergegangen. Da man nun im Behalten des Notbedarfs den alleinigen Inhalt erblickte, so faßte man den Begriff „Notbedarf" sehr weit. Man gewährt dem Schuldner daher heutzutage nicht nur allgemein (vergl. z. B. auch Windscheid, Bd. II. § 268 N. 1) das für den Unterhalt seiner ganzen Familie Nötige, sondern vielfach sogar standesgemäßen Unterhalt. So billigt Hellfeld[2] ihm naturalia und civilia alimenta zu, rechnet zu den ersteren diejenigen, welche zur Erhaltung des Körpers erforderlich sind, und sagt von den letzteren: Haec omnia, quae ad sustentationem vitae, dignitati et conditioni convenientem faciunt, complectuntur.[3]

Die Berechnung des Unterhaltes im einzelnen Falle ist verschieden; bald läßt man dem Schuldner ein größeres Kapital, bald die Zinsen davon, bald seine ganze Besoldung oder den größten Teil derselben. Daß eine derartige weitgehende Rückbehaltung von Vermögen nicht im Sinne des römischen Rechts liegt, ist aus unseren obigen Darlegungen ersichtlich. Trotzdem ist nun aber nicht zu leugnen, daß sich infolge langdauernder, gleichmäßiger Theorie und Praxis im Laufe der Jahrhunderte auf dem Wege des Ge-

[1] De benef. comp. § 1.

[2] a. a. O. § 2.

[3] Für standesgemäßen Unterhalt sind u. A. noch Folgende: Höpfner, Commentar 8. Aufl., bes. von A. D. Weber, 1818, § 1137; v. Wening-Ingenheim, Lehrb., Bd. II. § 198 z. N. r; Buchka und Budde, Entsch. d. O.A.G. zu Rostock, Bd. IV. S. 95.

wohnheitsrechts ein Rechtsinstitut gebildet hat, welches eben gewissen Personen das Recht gewährt, auf nicht mehr verurteilt zu werden, als das den Notbedarf Überschreitende. Wenn aber die herrschende Meinung die Entstehung dieses Rechtsinstitutes schon in das justinianische oder gar in das vorjustinianische Zeitalter verlegt, so kann dieser Behauptung nicht scharf genug entgegengetreten werden. Nicht schon in jener Zeit wurde das eigentliche Wesen des benef. dahin umgebildet, daß es in einer Beschränkung der Realexekution beruhte, sondern diese Änderung desselben hat ihren Grund erst in der nachrömischen Fortbildung. Die mittelalterliche Theorie und Praxis, welche sich ja überhaupt nicht allzustrenge und gewissenhaft an die Rechtsquellen hielt und vielfach die römischen Rechtsinstitute erweiterte und ausdehnte, ist in gleicher Weise auch mit unserem beneficium verfahren. So hat sie auch die Zahl der Kompetenzberechtigten zu vergrößern gesucht und die Rechtswohlthat auf eine Menge von Personen erstreckt, denen das römische Recht dieselbe nicht zugesteht.[4] Während aber diese Ausdehnung nicht ohne Widerspruch geblieben und jedenfalls seit Beginn dieses Jahrhunders fast ganz aufgegeben ist, hat sich die nachrömische Erweiterung resp. Umbildung des Inhaltes der Anerkennung einer gleichförmigen Praxis bis in unsere Zeit zu erfreuen gehabt, nnd auch der in der Theorie vereinzelt aufgetretene Widerspruch ist nicht zur Anerkennung gelangt. Und so ist denn das benef. comp., wie es heutzutage als gemeinrechtliches in Geltung ist, als diejenige Rechtswohlthat aufzufassen, kraft welcher dem Schuldner bei der Verurteilung der Lebensunterhalt verbleibt.

§ 23. Unwillkürlich muß sich uns die Frage aufdrängen, wodurch es denn eigentlich geschehen konnte, daß sich eine derartige falsche Auffassung des wahren Wesens des benef. comp. bilden und bis in die Jetztzeit behaupten konnte. Diese Frage, welche unseres Wissens bisher Niemand zu lösen versucht hat und welche auch von Keinem, mit Ausnahme Schömann's, der sie nur ganz kurz andeutet,[5] überhaupt aufgeworfen worden ist, ist dennoch von außerordentlicher Wichtigkeit, da erst nach ihrer Beantwortung die ganze Verkehrtheit der gemeinen Alimententheorie vor Augen tritt. Unseres Erachtens ist dieselbe nun auf folgende Weise entstanden.

Eine besondere Zubilligung der Rückbehaltung von Vermögensgegenständen fand man beim Schenker erwähnt, welchem aliquid sufficiens gelassen werden soll, damit er nicht gerade Mangel leide

[4] Vergl. hierüber und besonders über das sog. benef. comp. ex jure tertii Altmann, S. 53—58.

[5] a. a. O. S. 70 in der Note.

(ne egeat). Da nun die l. 173 D. 50, 17 jene Rückbehaltung als allgemein gültig hinstellt, so forschte man nach anderen Stellen, in denen das, was hier allgemein ausgesprochen war, noch bei einem weiteren besonderen Falle erwähnt war, sowie nach einer näheren Erklärung des Umfanges der Rückbehaltung. Die Bestimmungen über die cessio bonorum waren daher ein willkommener Fund, da ja auch demjenigen, welcher der Wohlthaten derselben teilhaftig wurde, das benef. comp. zustand[6] und von ihm gesagt ist,[7] daß der Gläubiger bei der Nachforderung erst dann etwas erlangt, wenn das neu erworbene Vermögen des Schuldners kein „modicum", sondern ein „idoneum emolumentum" in sich birgt oder „si quid postea ei pinguius accesserit" oder wenn er mehr, als „alimenta quotidiana" hat. Wenn in diesen Ausdrücken nun auch allerdings ausgesprochen ist, daß der Schuldner den Notbedarf behalten kann, so übersah man, daß jene Stellen von der exceptio nisi bonis cesserit sprechen, nicht aber von dem benef. comp., welches die Quellen[8] ja demjenigen, welcher bonis cediert hat, auch zubilligen. Was aber dieses letztere betrifft, so wird nirgends etwas von einem Abzuge, auch nicht, wie beim Schenker, von dem Abzuge des Allernotwendigsten, erwähnt. Hierauf haben wir schon oben[9] hingewiesen und bemerkt, daß diese Verwechslung der exceptio n. b. c. und des benef. comp. ex cessione bonorum eine sehr alte ist, im allgemeinen aber längst erkannt ist und nur noch in der hierher gehörigen Beziehung fast von allen Neueren, selbst von Windscheid, festgehalten wird. Jene Stellen sprechen also von der exceptio, kraft welcher derjenige, welcher bons cediert hat, eine Klage auf den Rest solange zurückweisen kann, als er nicht mehr, als den Lebensunterhalt erworben hat. Man wollte ihm, der sein ganzes Vermögen freiwillig hingegeben hatte und damit seinen Verpflichtungen nach besten Kräften nachgekommen war, für die Zukunft nicht die Möglichkeit rauben, wieder zu geordneten Verhältnissen zu gelangen, die ihn in den Stand setzen könnten, seine Rest-Verpflichtungen später zu tilgen. Aus diesem Gesichtspunkte schützte man ihn überhaupt so lange vor Nachforderungen, als er nicht mehr, als den Notbedarf hatte. Der Grund, weswegen ihm der Notbedarf verblieb, war also die exc. n. b. c. und nicht das beneficium competentiae, welches ihm ja auch zustand, und, da keine Besonderheiten über diesen Fall des benef. comp. vorliegen, auch hier in der Beschränkung der Verurteilung auf den Betrag des Vermögens beruhte.

[6] Nach §. 40 Instit. 4, 6 und l. 4 D. 42, 3.
[7] § 40 Inst. 4, 6; l. 6 u. 7 D. 42, 3; l. 7. i. f. Cod. qui bon ced. poss. 7. 71.
[8] § 40 Inst. 4, 6; l. 4. D. 42, 3.
[9] § 19 zu Note 109 f.

Die ratio, aus welcher dem Schuldner, welcher bonis cediert hatte, das benef. comp. zugebilligt wurde, drückt § 40 Just. 4, 6 in folgendem aus: „inhumanum enim erat, spoliatum fortunis suis in solidum damnari.“ Es erschien also der Billigkeit zuwiderlaufend, jemanden, der erst vor kurzem sein ganzes Vermögen durch freiwillige Hingabe verloren hatte, bei einer Nachforderung gleich auf die ganze Schuldsumme zu verurteilen, obgleich doch durch die cessio bonorum offenbar geworden war, daß er dieser Verpflichtung nicht nachkommen konnte.

So wie nun die Gesichtspunkte bei Gewährung dieser beiden Rechtswohlthaten nicht dieselben waren, so auch die Bestimmungen des römischen Rechts über beide. Dies hat man abér seit Alters her übersehen, da man mehr auf das praktische Resultat, als auf die theoretische Unterscheidung sah; denn im praktischen Resultat blieb ihm allerdings gegenüber der Nachklage der Notbedarf.

Viel hat zu jener Verwechslung u. E. auch noch folgendes beigetragen:

a) Der Umstand, daß die Institutionen an derjenigen Stelle,[10] an welcher sie das benef. comp. desjenigen, welcher bonis cediert hat, mit den anderen Fällen zusammenstellen, gleichzeitig den Inhalt der exceptio mit hineinziehen, ohne hierauf aufmerksam zu machen. Sie setzen an jener Stelle, wie es doch deutlich aus derselben hervorgeht, den Fall voraus, daß die exc. nicht Platz greift, da eben ein „idoneum emolumentum“ vorliegt; denn wenn die exc. zulässig ist, kann das benef. comp. ja gar nicht in Betracht kommen. Die Jnstitntionen stellen ja alles gleichartige in gedrängter Kürze zusammen und wollen in den letzten Paragraphen tituli 6 libri 4 die Fälle des benef. comp. erwähnen, während sie von der exceptio n. b. c. an einer anderen Stelle und in dem für sie passendsten Zusammenhange sprechen.[11] Da aber die Unzulässigkeit der exceptio eine Voraussetzung dieses benef. comp. ist, so war dieselbe in § 40 Jnst. cit. nicht völlig zu übergehen, und darauf weisen die Worte „idoneum emolumentum“ hin, während der Ausdruck exceptio in dieser das benef. comp. behandelnden Stelle wohl mit Absicht vermieden ist.

b) Eine weitere Hauptursache der Verwechslung möchten wir in l. 6 D. de cess. bon. 42, 3 erblicken, nach welcher demjenigen, der sein Vermögen abgetreten hat, die „alimenta quotidiana“ gelassen wenden sollen. Dieses Fragment spricht nur von der exc. n. b. c., mit welcher der Schuldner die Nachklage zurückweisen könne, solange nur ein „modicum aliquid“ vorliege. Es wird so-

[10] § 40 Inst. 4, 6.

[11] In § 4 Inst. de replic. 4, 14.

dann gefragt, ob dieser Begriff nach der quantitas oder qualitas des neu Erworbenen zu beurteilen sei, und der Jurist antwortet, es komme allerdings in der Regel auf die quantitas an, unter Umständen jedoch auch auf die qualitas, z. B. wenn dem Schuldner aus Mitleid etwas vermacht ist, wie monatliche oder jährliche Alimente; diese sollten keine causa zur Gestattung der Nachklage geben, und Ulpian fügt hinzu: „nec enim fraudandus est alimentis quotidianis". In diesem Falle liegen zwei Gründe vor, aus denen der exceptio Raum gegeben wird. Einerseits ist hier der Wille des Erblassers daraufgerichtet, daß durch die Zuwendung der Bedachte vor Elend und Mangel geschützt würde, und es ist bekannt, daß bei letztwilligen Verfügungen der Wille des Erblassers von den Römern in weitgehendem Maße berücksichtigt wurde. Andererseits hat der Schuldner nur gerade die alimenta quotidiana, also das zum Lebensunterhalte Erforderliche, und hierin beruht ja die allgemeine Voraussetzung der Gewährung der exceptio. Man darf aber den Satz: „nec enim fraudandus est alimentis quotidianis" nicht aus seinem Zusammenhange herausreißen und auf das benef. comp. ex. cess bon. anwenden, da hiervon in jener Stelle nicht die Rede ist.

Auf den erwähnten Gründen beruht u. E. die Verwechslung. Die Folge derselben war nun aber, daß man die Rückbehaltung der alimenta quotidiana nicht nur als zum Inhalt des bei der cessio bonorum stattfindenden benef. comp. gehörig ansah, sondern auch den andern Privilegierten bei der ersten Klage, wo ihnen ja das benef. zustand, gewährte. Man kannte früher ja überhaupt noch nicht die eigentliche Bedeutung der alten condemnatio i. q. f. p., auf welche man ja erst seit Hugo und Schömann aufmerksam geworden ist, und sah als das eigentliche Wesen desselben dasjenige an, was die l. 173 D. 50, 17 aussprach, nämlich die Rückbehaltung. Da man nun in den Bestimmungen über die cessio bonorum eine nähere Erklärung desjenigen zu finden glaubte, was kraft des benef. zu behalten der Schuldner beanspruchen konnte; da ferner die übrigen wenigen, von einem Abzuge redenden Stellen denselben als nicht sehr weitgehend anzudeuten schienen, und dies der gemeinen Lehre, welche als alleinigen Inhalt eben diesen Abzug auffaßte, nicht in ihre Theorie hineinpaßte, weil das ganze benef. dann doch nur als eine recht klägliche Wohlthat erschien, so nahm man an, daß in allen Fällen des benef. dem Schuldner dasjenige gelassen werden müsse, was ihm beim benef. comp. ex. cess. bon. zugebilligt zu sein schien. So entstand u. E. die Alimententheorie, deren Ursprung sowie fortdauernde Herrschaft unerklärlich wäre, wenn derselben nicht jene Verwechslung zu Grunde läge. Die Bestimmungen über die cessio bonorum sind also u. E. die Ursache dafür gewesen, daß man einerseits dem Abzug einen so weiten Umfang gab, und andererseits auch, daß man, selbst was das ältere römische Recht betrifft, nicht schon früher die eigentliche Bedeutung des benef. comp. erkannt hat.

V. Kapitel.

Die heutige Geltung des beneficium competentiae.

§ 24. Es erübrigt noch, kurz einen Blick auf die neuere Entwicklung und heutige Geltung des benef. comp. zu werfen.[1]

In der deutschen gemeinschaftlichen Praxis hat sich zuerst ein Rechtsinstitut ausgebildet, welches man mit dem Namen „absolutes“ oder „objektives beneficium competentiae“ bezeichnet.[2] Der Ausdruck „beneficium“ dürfte allerdings für dasselbe nicht recht passend sein, denn eine Wohlthat, die, wie jenes Rechtsinstitut, für Alle gilt, ist eigentlich keine Wohlthat im juristischen Sinne mehr; das jus singulare ist hier zum jus commune geworden. Dieser Vorgang rechtlicher Entwicklung ist nicht selten, da neuere Rechtsanschauungen sich anfangs meist in der Statuierung von Sonderrechten und damit in der Durchbrechung des jus commune in einzelnen Beziehungen geltend machen, später dann nach und nach durch Ausdehnung eine erweiterte Anwendung finden, bis sie jenes zuletzt oft ganz beseitigen und an seine Stelle das bisherige jus singulare setzen.

Jenes objektive beneficium competentiae — um den Ausdruck der Kürze halber beizubehalten — welches darin beruhte, daß gewisse Vermögensgegenstände eines jeden Schuldners von der Pfändung überhaupt ausgeschlossen sind und ihm verbleiben, hat sich nun wohl in der Weise entwickelt, daß, wie man schon im römischen Recht nicht nur demjenigen Schuldner, welcher auf Grund der cessio bonorum sein Vermögen verlor,[3] sondern regelmäßig einem jeden Schuldner das Allernotwendigste, wie seine täglichen Kleider und andere ganz geringfügige Mittel zurückließ, so auch die Praxis der deutschen Gerichte im Laufe der Zeit ge-

[1] Eingehend ist die ganze nachrömische Entwickelung bei Altmann, Abschnitt II—IV, behandelt.

[2] Altmann S. 60.

[3] cf. oben Seite 36 Note 47.

wohnheitsmäßig dem auszupfändenden Schuldner einiges ganz Notwendige gewährte, wodurch er vor Hunger und Kälte vorläufig geschützt wurde. Die Ansicht Altmann's,[4] daß der Ursprung dieses beneficium einerseits aus den römischen Bestimmungen bezüglich der pignoris capio, andererseits aus denjenigen über die Generalhypothek[5] herzuleiten ist, möchten wir mit der Modifikation billigen, daß auch diese Faktoren mit zur Entstehung beigetragen haben. Man suchte eben nach allen möglichen Anhaltspunkten, um jene, schon frühzeitig thatsächlich vorhandene milde Praxis aus dem römischen Recht zu rechtfertigen.

Der Umfang, der dem Schuldner verbleibenden Sachen, welcher anfangs nur ganz gering war, ist allmählig erweitert worden, sodaß schließlich, als jener Gerichtsgebrauch durch Aufnahme in viele Prozeßgesetze seine gesetzliche Bestätigung erhalten hatte, das beneficium darin bestand, daß gewisse, zur vorläufigen Existenz des Schuldners und seiner Familie erforderlich erscheinende, vom Gesetz genau bezeichnete Gegenstände allgemein von einer Pfändung ausgeschlossen waren.

Dieses, seine Entstehung öffentlich rechtlichen Gesichtspunkten[6] verdankende objektive beneficium enthält also reine Exekutionsbeschränkungen und ist von dem subjektiven benef. comp. streng zu unterscheiden. Wenn nun auch die Aufnahme des ersteren in viele Prozeßgesetze die Geltung des letzteren an sich nicht berührte, so ist doch das Geltungsgebiet dieses letzteren in der neueren Zeit ein kleines geworden. Was zuvörderst diejenigen Länder anbelangt, in denen das gemeine Recht nicht mehr als solches gilt, so ist allerdings in Preußen trotz des durch die Gesetzgebung dieses Landes eingeführten objektiven beneficium das subjektive beneficium in Kraft geblieben[7], wohl aber ist letzteres im Gebiete des französischen Rechts dadurch beseitigt, daß der code civil es nicht erwähnt, während ersteres in dem code de procédure Aufnahme gefunden hat. Auch im Königreich Sachsen muß das subjektive benef. wegen des Schweigens des sächsischen bürgerlichen Gesetzbuches als aufgehoben gelten, während es sich im österreichischen Recht, allerdings mit wesentlicher Umgestaltung, erhalten hat. Im Rechtsgebiet des gemeinen Rechts ist unser benef. ja an sich in vollem Umfange der gemeinrechtlichen Lehre in Geltung geblieben, doch möchten wir annehmen, daß Einiges heutzutage unpraktisch geworden und per desuetudinem abrogiert ist, so z. B.

[4] S. 60 f.
[5] Vergl. Windscheid, Pand. I. § 228, N. 3.
[6] Vergl. auch Falkmann, Zwangsvollstreckung, S. 191.
[7] Vergl. Altmann, S. 66—76.

die den Soldaten gegen alle Forderungen zustehende Rechtswohlthat.[8] Andererseits hat man auch in den Ländern des gemeinen Rechts durch Partikulargesetze vielfach das objektive benef. eingeführt, ohne dadurch das subjektive zu beseitigen.

Dies war die allgemeine Rechtslage vor Errichtung des neuen deutschen Reiches. Unter den neuen Reichsgesetzen ist nun von direktem Einfluß auf unser Rechtsinstitut nur die Reichskonkursordnung v. 10. Febr. 1877 gewesen, welche in § 152 Abs. 1 bestimmt, daß nach Aufhebung des Konkursverfahrens die nicht befriedigten Konkursgläubiger ihre Forderung unbeschränkt wieder geltend machen können. Wenn auch hierin eigentlich schon die Aufhebung der Vorteile der cessio bonorum lag, so sind doch in § 4 des Einführungsgesetzes zur Konkursordnung die Bestimmungen über die Rechtswohlthat der Güterabtretung noch ausdrücklich für aufgehoben erklärt. Damit ist der am meisten in der Praxis vorkommende Fall des beneficium competentiae beseitigt.[9]

Was nun die Reichszivilprozeßordnung anbelangt, so hat dieselbe das subjektive benef. nicht erwähnt, und zwar mit Recht, denn dasselbe ist ja materiellrechtlichen Charakters,[10] nicht aber ein Exekutionsprivileg. Dagegen hat die R.C.P.O. in den §§ 715 und 749 das sog. objektive benef. genau behandelt, indem sie vorschreibt, daß bestimmte Gegenstände und Forderungen, deren Belassung als notwendig für den Schuldner, seine Familie und seinen Beruf anzusehen sind, der Pfändung nicht unterliegen. Daß nun durch das Schweigen der R.C.P.O. über das subjektive benef., sowie durch die erweiterte Anerkennung des objektiven benef. ersteres beseitigt sei, hat vor allem Dernburg[11] behauptet. Da ihm dasselbe lediglich als Exekutionsbeschränkung erscheint,[12] und die R.C.P.O. einerseits in jenen Paragraphen die Pfändungsbeschränkungen in erschöpfender Weise regeln will und andererseits die gemeinrechtlichen Fälle nicht besonders erwähnt, so mußte er konsequenter Weise zu jener Ansicht gelangen. Wir haben aber schon oben[13]

---

[8] Oder wird dieselbe heutzutage in der Pxaxis z. B. einem jeden überschuldeten Lieutenant gegenüber allen Klagen zugebilligt? Wir möchten doch glauben, daß jenes weitgehende, aus den römischen Verhältnissen entsprungene beneficium für die neuere Zeit keine Berechtigung mehr hat. Auch Sintenis (Civilrecht, Bd. II. § 91, N. 70 a. E.) ist unserer Ansicht, wie er überhaupt die römische Privilegierung der Soldaten für unpraktisch hält (Civilrecht, Bd. I. § 8, N. 8 a. E.

[9] Vergl. Mandry III. Aufl., S. 373; Altmann, S. 81 f.

[10] Vergl. oben § 1. a. E.

[11] Preuß. Privatrecht. Bd. II. § 110; Pand. Bd. II. § 57. a. E.

[12] Vergl. oben § 1, N. 6.

[13] § 1. a. E.

die Unrichtigkeit der Behauptung, das alte beneficium sei nur eine Beschränkung der Exekution, nachgewiesen und gezeigt, daß dasselbe ein materielles Rechtsinstitut und deshalb grundverschieden von den Pfändungsbeschränkungen der R.C.P.O. ist, in welchen sich das objektive benef. wiederspiegelt. Das subjektive benef. hat deshalb seinen Platz auch garnicht in der R.C.P.O., in welcher es sich um die Regelung des Vollstreckungswesens handelt. Anders verhält es sich mit der Konkursordnung, welche nicht nur prozessuales, sondern auch materielles Recht enthält und deshalb auch das benef. comp. ex cessione bonorum beseitigen konnte. Die R.C.P.O. aber kann und will das subjektive benef. nicht in den Kreis ihrer Bestimmungen ziehen und erwähnt dasselbe deshalb mit keinem Worte. Eine ausdrückliche Bestätigung unserer Ansicht finden wir auch in den Motiven zur C.P.O.,[14] in denen es heißt: „Von der im Interesse der Rechtseinheit wünschenswerten Aufhebung aller landesgesetzlichen Bestimmungen über das beneficium competentiae mußte wegen des innigen Zusammenhangs mit den Instituten des materiellen Landrechts Abstand genommen werden".

Zu einer ähnlichen Ansicht, wie Dernburg, gelangt in anderer Formulierung Wendt,[15] welcher das römische benef. comp. insoweit für unpraktisch hält, als es die Zubilligung des aliquid sufficiens zum Inhalte hat, da dasjenige, was hierdurch gewissen Schuldnern zukomme, heutzutage nach der R.C.P.O. in mindestens gleichem Umfange Allen zustehe; dadurch sei das privilegium seiner sonderrechtlichen Natur entkleidet und zu einem allgemein zuständigen für Jedermann erhoben, sodaß es „keine Berechtigung mehr habe, die römischen Regeln noch gegenwärtig zu wiederholen". Wendt will also das beneficium, wenn auch nicht aus theoretischen, so doch aus praktischen Gründen für unanwendbar halten, und wir könnten ihm beistimmen, wenn es sich eben um den Fortfall des reinen römischen benef. comp. handelte. Denn daß dieses jenen Privilegierten bei weitem nicht so viel zubilligte, wie heutzutage durch die Pfändungsbeschränkungen Jedermann behalten kann, ist u. E. gewiß und geht aus unseren obigen Darlegungen hervor. Anders verhält es sich aber mit dem durch die gemeinrechtliche Theorie und Praxis herausgebildeten benef. comp., welches den bevorzugten Personen Rückbehaltungen in größerem Umfange, als die in der C.P.O. Jedermann gewährten, einräumt, und daher durch letztere nicht überholt und überflüssig gemacht worden ist, so daß man ihm neben dem objektiven benef. nicht nur eine prinzipielle, sondern

[14] Motive zur C.P.O. S. 410.
[15] Pandekten § 179.

eine praktische Geltung auch heute noch zugestehen muß. So hat sich denn auch die herrschende Meinung für seine Fortdauer neben den Pfändungsbeschränkungen der R.C.P.O. ausgesprochen.[16]

Trotzdem sind die Tage des materiellrechtlichen beneficium competentiae gezählt, und seine Beseitigung ist nur noch eine Frage der Zeit, denn der Entwurf eines bürgerlichen Gesetzbuches für das deutsche Reich erwähnt dasselbe mit keinem Worte und versagt ihm dadurch die Anerkennung. In den Motiven[17] finden wir folgende, hierauf bezügliche Stelle: „Von einer Wiederherstellung der durch § 14, Nr. 4 des E. G. z. C.P.O. beseitigten Befugnis des Richters zur Erteilung von Zahlungsfristen, wie sie nach einigen Partikularrechten bestand, konnte so wenig die Rede sein, als von einer Anerkennung des sog. beneficium competentiae. Nicht zu verwechseln mit letzterem ist jedoch der nicht seltene Vertrag, durch welchen die Verbindlichkeit des Schuldners in id, quod facere potest, beschränkt wird. Die Auslegung solcher Verträge ist der Praxis zu überlassen und erheischt keine gesetzliche Regelung“. Der Entwurf ist noch nicht Gesetz, aber es ist mit Sicherheit anzunehmen, daß sich für das Fortbestehen des beneficium competentiae neben den heutigen Pfändungsbeschränkungen keine Stimme erheben wird. In letzteren ist das richtige Maß der alten römischen Rechtswohlthat den heutigen Verhältnissen angepaßt; die Erweiterung und Umgestaltung des Inhaltes, welche der irrtümlichen gemeinrechtlichen Lehre ihre Entstehung verdanken, sind deshalb mit gutem Grunde zu beseitigen. Einerseits hat das benef. comp. in dieser letzteren Gestalt eine innere Berechtigung u. E. ebensowenig gehabt, wie seine äußere Begründung aus dem römischen Recht hergeleitet werden kann. Andererseits kann aber neben der heutigen Ausbildung der Pfändungsbeschränkungen auch das eigentliche römische beneficium competentiae keinen Raum mehr beanspruchen.

Schlußbemerkung.

§ 25. Wir fassen zum Schluß noch einmal die Hauptergebnisse unserer Abhandlung zusammen. Der eigentliche Zweck lag ja in der Erforschung des wahren Inhaltes des römischen beneficium competentiae. Wir haben die bisherigen Theorieen auf ihre Richtigkeit geprüft und sodann eine Darlegung unserer eigenen Ansicht ge-

---

[16] Vergl. besonders Kohler, S. 23, Mandry, S. 373 N. 6; Baron, S. 383 unten; Altmann, S. 85 f. und die dort Citierten; ebenso Seufferts Archiv, Bd. XXXVIII. Nr. 162 und 336; vergl. auch Entscheid. des R.O.H.G., Bd. XV. Nr. 41.

[17] Motive zum bürgerlichen Gesetzbuch, 1888, Bd. II. S. 33 und 34.

geben, wobei wir im allgemeinen zu demselben Resultate gelangt sind, wie Holtius. Unsere Behauptung, daß auch noch im justinianischen Recht der eigentliche Inhalt des beneficium in der Beschränkung der Verurteilung auf den Betrag des Vermögens beruht hat und daß die zuletzt allgemein zugelassene Rückbehaltung des Notwendigsten so geringfügig und unwesentlich war, daß sie den ursprünglichen Charakter nicht veränderte, haben wir eingehend aus den Quellen begründet und daneben, was Holtius gänzlich unterlassen hat, das Rechtsinstitut in seinem geschichtlichen Zusammenhange und in seiner Entwickelung gewürdigt. Auch rücksichtlich der Klage auf das Residuum, sowie darin, daß er u. E. den geringen Umfang dessen, was bei der ersten Klage zurückbehalten werden konnte, nicht scharf genug hervorgehoben hat, sind wir andere Bahnen gewandelt, als Holtius. Endlich haben wir uns nicht begnügt, den Gegensatz zwischen der eigentlichen justinianischen Rechtswohlthat und dem gemeinrechtlichen benef. comp. darzulegen, sondern haben auch versucht, eine Erklärung für die irrtümliche Auffassung zu finden, welcher das letztere seine Entstehung verdankt. Wir hoffen, durch Aufdeckung der wahrscheinlichen Ursache dieses Irrtums zur Klarstellung des ganzen Rechtsinstitutes und damit zur Beseitigung der Alimententheorie ein geringes beizutragen.

Druck von Metzger & Wittig in Leipzig.

MIX
Papier | Fördert gute Waldnutzung
FSC® C083411

Kolibri 360 GmbH
Ferdinand-Jühlke-Straße 7
99095 Erfurt, Deutschland
produktsicherheit@kolibri360.de